U0918058

大学虽然只有四年，却会关乎你的一生！

赢在大学

⊙ 大学生活可能是绚烂的，但绚烂之中却隐藏着陷阱！

⊙ 大学生活可能是平淡的，但可以让你在厚积中薄发！

臧全金 编著

求真出版社

图书在版编目（CIP）数据

赢在大学/臧全金编著.—北京：求真出版社，2010.7
ISBN 978-7-80258-068-8

Ⅰ.①赢…　Ⅱ.①臧…　Ⅲ.①大学生—自我管理学
Ⅳ.①G645.5

中国版本图书馆 CIP 数据核字（2010）第 138207 号

赢在大学

编　　者：臧全金
责任编辑：贺世民
出版发行：求真出版社
社　　址：北京市丰台区卢沟桥城内街 39 号
邮政编码：100165
印　　刷：北京市凯鑫彩色印刷有限公司
经　　销：新华书店
开　　本：880×1230　1/32
字　　数：177 千字
印　　张：9.25
版　　次：2010 年 8 月第 1 版　2010 年 8 月第 1 次印刷
书　　号：ISBN 978-7-80258-068-8/G·4
定　　价：19.80 元
编辑热线：（010）83891765
销售服务热线：（010）83892478　83895215　83895438

前 言

大学对学生的管理和教育不再像中学那样“无微不至”，无论学习和生活，都要依靠自我管理、自我推动、自我监督。然而相关调查显示，很多大学生，尤其是新生并不能适应这种变化，他们要么继续生活在家长和亲朋好友的护荫之下，事事都离不开别人的帮助；要么随波逐流，吃喝玩乐，无所事事，荒废学业；要么刚愎自用，浸淫在不利的情势中不能自拔，却听不进别人的劝告。

这些学生，虽然身在高校，但实际上并不懂得大学生活的重要意义，因而也就不懂得珍惜大学的美好时光。其实，大学，是人生的一个重要阶段，是一个人成人后度过的第一段重要时期。因为大学是一般人学业的最后完成阶段，又是与社会接轨的磨合阶段。赢在大学，就是赢在了步入社会的起跑线上。

那么，如何才能赢在大学呢？

带着这个问题，笔者采访了众多家长和专

家，他们对于刚刚迈入大学的莘莘学子们如何进行读书和生活，着重提升哪些能力，真正学会自我管理提出了中肯的意见和殷切的期望，具体涉及学习、心态、理财、安全、交友、恋爱、职业规划、职业能力八个方面。

本书摈弃了长篇大论和晦涩难懂的说教，围绕饶有意味的小故事阐释大学生应该懂得的道理和应遵循的规则，让大学新生在轻松阅读中树立起正确的学习观，在高校中努力充实自己、积蓄力量，增强自我管理和适应社会的能力，为将来步入社会打下坚实的基础。

目　录

第一章　学习依然是最重要的

"聪明出于勤奋，天才在于积累。"

——中国数学家华罗庚

第二章　心态决定一切

“谁要是游戏人生，他就一事无成；谁不能主宰自己，就永远是一个奴隶。”

——德国作家歌德

第三章　从大学开始理财

"节俭是穷人的财富，富人的智慧。节俭是世上大小所有财富的真正起始点。"

——法国作家大仲马

第四章　安全不是你一个人的事

"预防是解决危机的最好办法。"

——英国危机管理专家迈克尔·里杰斯特

第五章　大学中的友谊最珍贵

"岁不寒无以知松柏，事不难无以知君子。"

——中国思想家荀子

第六章　爱，也要去学习

"谁要是不会爱，谁就不能理解生活。"

——前苏联作家高尔基

第七章 提早为工作做好心理准备

"你要追求工作，别让工作追求你。"

——美国科学家、政治家富兰克林

第一章
学习依然是最重要的

"聪明出于勤奋，天才在于积累。"

——中国数学家华罗庚

1. 明确大学生活的主业

大学生活，主业是什么？让大学新生回答这个问题，肯定有不同的回答——有的会说是学习知识，有的会说是社会实践，还有的会说好好享受大学生活，让青春无悔啊。哪种回答是正确的呢？

有一天，动物园管理员们发现袋鼠从笼子里跑出来了，于是开会讨论，一致认为是笼子的高度过低。所以他们决定将笼子的高度由原来的10米加高到20米。结果第二天他们发现袋鼠还是跑到外面来，所以他们又决定将高度加高到30米。

没想到隔天居然又看到袋鼠全跑到了外面，于是管理员们大为紧张，决定一不做二不休，将笼子的高度加高到100米。

一天长颈鹿和几只袋鼠们在闲聊。“你们看，这些人会不会再继续加高你们的笼子？”长颈鹿问。

“很难说。”袋鼠说，“如果他们再继续忘记关门的话！”

可见，解决问题要抓住问题的核心，大学生活也

要抓住主业。

其实大学里学习仍是主业。原因很简单，英语过不了四级，几门功课挂科，拿不到毕业证，无论大学生活多么绚丽多彩，一切都等于零。

很多人以为，结束了高考的鏖战，该歇歇啦。但也不该将大学作为度假圣地，一下子放松下来；也不该本末倒置，课不去上，图书馆也懒得转，整日不是玩就是睡，要考试了才仓促应付。

要知道学习对你将来的发展会有极大的影响，为此该好好学习。

2. 学无止境

有这样一句名言："活到老，学到老。"很多人不以为然，他们自认为很聪明，根本不用好好学习，更不用终身学习。

这是美国东部一所大学期终考试的最后一天。在教学楼的台阶上，一群工程学专业高年级的学生挤作一团，正在讨论几分钟后就要开始的考试，他们的脸上充满了自信。这是他们参加毕业典礼和工作之前的最后一次测验了。带着经过四年的大学学习所获得的自信，他们感觉自己已经准备好了，并且能够征服整个世界。

他们知道，这场即将到来的测验将会很快结束，因为教授说过，他们可以带他们想带的任何书或笔记。要求只有一个，就是他们不能在测验的时候交头接耳。

他们兴高采烈地冲进教室。教授把试卷分发下去。当学生们注意到只有五道评论类型的问题时，脸上的笑容更加灿烂了。

三个小时过去了，教授开始收试卷。学生们看起来不再自信了，他们的脸上是一种恐惧的表情。没有一个人说话，教授手里拿着试卷，面对着整个班级。

他俯视着眼前那一张张焦急的面孔，问道："完成五道题目的有多少人?"

没有一只手举起来。

"完成四道题的有多少?"

仍然没有人举手。

"三道题？两道题?"

学生们开始有些不安，在座位上扭来扭去。

"那一道题呢？当然有人完成一道题的。"

但是整个教室仍然是一片沉默。教授放下试卷。"这正是我期望得到的结果。"他说，"我只想要给你们留下一个深刻的印象，即使你们已经完成了四年的工程学习，关于这项科目仍然有很多的东西你们还不知道。这些你们不能回答的问题是与每天的普通生活实践密切相关的。"然后他微笑着补充道："你们都会通过这门课程的考试，但是记住——即使你们现在已是大学毕业生了，你们要接受的教育仍然还只是刚刚开始。”

不要以为通过大学4年的学习，一个人的知识储备就足够了，就可以一劳永逸了。其实，大学只是专业学习的开始。要想成为权威、专家，就应该继续学习。在实践中学习，这是在大学课堂无法学到的。

坚持终身学习还有一个原因，就是当今知识更新的速度极快，新知识新技术层出不穷，不及时为自己充电，就会在竞争中处于劣势，甚至被淘汰。

所以，要树立终身学习的观念，要秉持认真学习的态度。

3. 知识改变命运

社会上曾经流传这样一句话：“造原子弹的不如卖茶叶蛋的。”这样的比喻只是一个特定时代的社会现象的扭曲的反映。在今天，这句话已经失去了生存的土壤。

美国纳斯达克上市公司英泰克国际集团执行总裁夏雨峰是一个注重学习和积累知识的人，他在秦皇岛做外贸销售的那4年里，见识了不同的人，了解了不同的性格类型以及跟不同的人打交道的方法。后来他又去一家民营房地产公司工作了4年，这期间，他进

一步了解了市场规律以及如何与政府打交道。接下来，他在一家管理咨询公司（外企）里又系统地学习了管理学和英语方面的知识。

1998年读MBA要花两万多元学费，他当时还拿不起这个钱，但他一直都没有放弃。当他已经29岁，当周围的人都认为已经没有必要再去读书的时候，他仍然坚持自己的理想，考上了人大的MBA。

2003年春天，“非典”肆虐，他从MBA毕业了。他把自己的简历放在网上，被北大青鸟公司招去做市场专员。在做了10个月的市场专员之后，他因业绩优异被提拔为青鸟培训中心的校长。一年后又升任培训中心的副总裁。在第一、第二季度的业绩增长都达到了200%的时候，英泰克国际集团看中了他在中国IT培训领域的经验，挖他过去做总裁。就这样，他成了英泰克国际集团的执行总裁、英泰移动通信学院的CEO，也完成了从一个普通职员到美国纳斯达克上市公司总裁的跨越，而时间跨度不到3年。

夏雨峰的经历说明，知识可以改变一个人的处境，帮助人获得成功。

然而，有很多人却抱着这样的想法：成功要靠社会关系、靠机遇，与知识的关系不大。所以，他们就把心思用在怎样结交关系上，躺在校园的草坪上等待着机遇的降临。

其实，即使靠社会关系获得了成功，那也是不会长久的。因为一旦你失去这个关系，所谓的成功也就

走到了末路。长久的成功是以知识和能力作为支撑的。

另外，如果知识储备不够丰富，能力不够突出，当机会降临的时候，你也抓不住。

4. 多拾几颗小“石子”

有诗曰：“书到用时方恨少；事非经过不知难。”然而，不亲自经历过的人，又怎知其中意味呢？

夜深了，一位巴格达商人走在黑漆漆的山路上。突然，有个神秘的声音传来：“弯下腰，请多捡些小石子，明天会有用的！”商人便弯腰捡起几颗石子。到了第二天，当商人从袋中掏出“石子”看时，才发现那所谓的“石子”原来是一块块亮晶晶的宝石！自然，也正是这些宝石，使他立即后悔不迭：

“天！昨晚怎么就没有多捡些呢？”

总有一些人会经常发出类似的感慨，但往往是悔之晚矣。

有些大学生身在校园内，心却在校园外；吃、喝、玩、乐，只求痛快；学习马虎，仓促应付考试，甚至经常补考。要不是那张毕业证，即使有人提醒，他们也懒得弯腰捡几颗“石子”。等到走上社会，处于激烈的竞争中，才发现知识真的有用。这时后悔，又有什么用呢？

避免这种状况的唯一方法就是端正态度，认真学习，从现在起多多积累生命中的宝石。

5. 学习也分轻重缓急

你知道正确做事的方法吗？你懂得时间管理吗？

在一节时间管理课上，教授在桌子上放了一个装水的罐子，然后又从桌子下面拿出一些正好可以从罐口放入的鹅卵石。教授把鹅卵石放进罐子后问学生："你们说这罐子是不是满的？"

所有的学生异口同声地回答说："是。"

"真的吗？"教授笑着问。然后再从桌下拿出一袋碎石子，把碎石子从罐口倒下去，摇一摇，再加一些，再问学生："你们说，这罐子现在是不是满的？"

这回学生不敢回答得太快。最后班上有位学生怯生生地细声回答道："也许没满。"

"很好！"教授说完又从桌下拿出一袋沙子，慢慢倒进罐子里。倒完后，再问班上的学生："现在你们再告诉我，这个罐子是满的呢，还是没满？"

"没有满。"全班同学这下学乖了，大家很有信心地回答说。

“好极了！”教授说完又从桌底下拿出一大瓶水，把水倒在看起来已经被鹅卵石、小碎石、沙子填满了的罐子。做完之后，教授正色问学生：“我们从上面这些事情得到什么重要的信息?”

班上一阵沉默后，一位学生自信地回答说：“无论我们的工作多忙，行程排得多满，如果要挤一下时间的话，还是可以多做些事的。”这位学生回答完后心中很得意地想：这门课到底讲的是时间管理啊！

教授点点头微笑着说：“答案不错，但并不是我要告诉你们的重要信息。”说到这里，这位教授故意顿住，用目光扫了全班学生一遍，说：“我想告诉各位最重要的信息是，如果你不先将大的鹅卵石放进罐子里去，也许你以后永远没机会再把它们放进去了。”

可见，做事情一定要按事情的轻重缓急排定优先顺序，依序先做什么，后做什么，这样才不会本末倒置，出力不小却收效甚微。

学习同样如此。你要搞明白先学什么，然后再学什么，哪些东西需要精益求精地学习，哪些东西作暂时了解。

很多人因为喜欢，热衷于学习与专业无关的东西，这样自然会影响专业的学习。如果真的难以割舍的话，不妨换个专业，或者郑重认真地学习两个专业。对于那些与专业不沾边的东西，即使是“发烧友”级的喜欢，也要暂时放一放，等到就业了，再拿它当做业余爱好。

6. 善积跬步以至千里

你确立自己的学习目标了吗？你制定切实可行的学习计划了吗？

1984 年，在东京国际马拉松邀请赛中，名不见经传的日本选手山田本一出人意料地夺得了世界冠军。当记者问他凭什么取得如此惊人的成绩时，他说了这么一句话：“用智慧战胜对手。”

当时许多人都认为这个偶然跑到前面的矮个子选手是在故弄玄虚。马拉松赛是体力和耐力的运动，只要身体素质好又有耐性就有望夺冠，爆发力和速度都在其次，说用智慧取胜确实有点勉强。

两年后，意大利国际马拉松邀请赛在意大利北部城市米兰举行，山田本一代表日本参加比赛。这一次，他又获得了世界冠军。记者又请他谈获胜经验。

山田本一性情木讷，不善言谈，回答的仍是上次那句话：“用智慧战胜对手。”这回记者在报纸上没再挖苦他，但对他所谓的智慧迷惑不解。

10 年后，这个谜终于被解开了，山田本一在他的自传中是这么写的：每次比赛之前，我都要乘车把比赛的线路仔细地看一遍，并把沿途比较醒目的标志画下来，比如第一个标志是银行、第二个标志是一棵大树、第三个标志是一座红房子……这样一直画到赛程的终点。比赛开始后，我就以百米的速度奋力地向第一个目标冲去，等到达第一个目标后，我又以同样的速度向第二个目标冲去。40 多公里的赛程，被我分解成这么几个小目标轻松地跑完了。起初，我并不懂这样的道理，我把我的目标定在 40 多公里外终点线上的那面旗帜上，结果我跑到十几公里时就疲惫不堪了，我被前面那段遥远的路程给吓倒了。

山田本一的智慧就是把一个看起来很难完成的大目标，分解成一个个能够轻松完成的小目标。同时也就把巨大的心理压力缓解为一个个能够轻松承受的小压力。

当压力不再成为压力，就有可能变成动力。

有的人总想着应付完 4 年的学业就万事大吉，一想到继续深造就谈虎色变，因为他们总盯着最后的大目标，总想着完成最后的学业目标是多么难。

实际上，大学课程已经把学业进行了分解，如果你想向更高的目标冲刺，比如说考研，比如说出国留学，就需要自己制订学习计划，把任务分解成一个个切实可行的小目标，一个个击破。这样学习起来才不会感到有压力，才不会感到希望渺茫以至于半途而废。

当你感受着一个个小小的喜悦并不懈努力时，那个大的喜悦很快就会到来了。

7. 不断挖掘自己的潜力

一个人学习进步，就是不断挖掘自身潜力的过程。

一位音乐系的学生走进练习室。在钢琴上，摆着一份全新的乐谱。

“超高难度……”他翻着乐谱，喃喃自语，感觉自己对弹奏钢琴的信心似乎跌到了谷底。

已经3个月了！自从跟了这位新的指导教授之后，不知道为什么教授要以这种方式整人。他勉强打起精神，开始用自己的十指奋战、奋战、奋战……琴声盖住了教室外面教授走来的脚步声。

指导教授是位音乐大师。授课的第一天，他给自己的新学生一份乐谱。“试试看吧！”他说。乐谱的难度颇高，学生弹得生涩僵滞，错误百出。“还不成熟，回去好好练习！”教授在下课时，如此叮嘱学生。

学生练习了一个星期，第二周上课时正准备让教授检验，没想到教授又给他一份难度更高的乐谱：“试试看吧！”上星期的课教授根本没提。学生再次挣扎于向更高难度的技巧挑战。

第三周，更难的乐谱又出现了。同样的情形持续

着，学生每次在课堂上都被一份新的乐谱所困扰，然后把它带回去练习，接着再回到课堂上，重新面临两倍难度的乐谱，却怎么样都追不上进度，一点也没有因为上周练习而有驾轻就熟的感觉。学生感到越来越不安、沮丧和气馁。

教授走进练习室。学生再也忍不住了，他认为必须质问钢琴大师，问他这3个月来为何不断折磨自己。

教授没搭腔，他抽出最早的那份乐谱，交给学生。“弹奏吧！”他以坚定的目光望着学生。

不可思议的事情发生了，连学生自己都惊讶万分，他居然可以将这首曲子弹奏得如此美妙、如此精湛！教授又让学生试了第二堂课的乐谱，学生依然表现出超高水准的演奏技巧……演奏结束后，学生怔怔地望着老师，说不出话来。

“如果，我任由你表现最擅长的部分，可能你还在练习最早的那份乐谱，就不会有现在这样的程度……”大师缓缓地说。

有的人习惯于退居人后，是认为自己能力有限；有的人热衷于温故而日趋完美，是认为自己很难消化更难的知识。其实，当你在一项练习中不断加大难度后，以前的东西不用温故也就驾轻就熟了，因为在这个过程中，以前的东西得到了强化。

不断挖掘自己的潜力，你就会做得更好。

8. 练习造就完美

孔子曰："学而时习之，不亦说乎"。

明朝万历年间，中国北方的女真族成为明朝大患。皇帝为了抗御强敌，决心整修万里长城。当时号称天下第一关的山海关，早已年久失修，其中"天下第一关"的题字中的"一"字，已经脱落多时。万历皇帝募集各地书法名家，希望恢复山海关的本来面貌。各地名士闻讯，纷纷前来挥毫，但是依旧没有一个人的字能够重现天下第一关的原味。皇帝于是再下昭告，只要能够雀屏中选的，就能够获得重赏。经过严格的筛选，最后中选的，竟是山海关旁一家客栈的店小二，真是出乎大家的意料。

在题字当天，会场被挤得水泄不通，官家也早就备妥了笔墨纸砚，等候店小二前来挥毫。只见主角抬头看着山海关的牌楼，舍弃了狼豪大笔不用，拿起一块抹布往砚台里一蘸，大喝一声："一！"干净利落，立刻出现了绝妙的"一"字。旁观者莫不惊叹，纷纷给予热烈掌声。有人好奇地问他成功的秘诀。他却久久无法回答，后来勉强答道："其实，我想不出有什么秘诀，我只是在这里当了三十多年的店小二，每当我在擦桌子时，我就望着牌楼上的'一'字，一挥一

擦，就这样而已。”

原来这位店小二的工作地点，正好面对山海关的城门。每当他弯下腰，拿起抹布清理桌上的油污之际，刚好他的视线就能对准“天下第一关”的“一”字。因此，他不由自主地天天看、天天擦，数十年如一日，久而久之，熟能生巧、巧而精通。这就是他能够把这个“一”字，临摹到炉火纯青、惟妙惟肖的原因。

学过的知识，经常温习才能不忘，并能温故知新。然而很多人学过了就不再温习，等到考试了才仓促应付，甚至准备“打小抄”，把心思用在作弊上。

养成温习知识的习惯，并保持下去，踏上社会后也会因此受益。道理很简单，练习造就完美，熟练才能精通。

9. 专注才能做到最好

你集中精力做过一件事吗？你品尝过专注做事带给你的成功果实吗？

有一天，孔子带着学生去楚国，途经一片树林，看到一个驼背老头儿拿着竹竿粘知了，好像是从地上

捡东西一样，一粘就是一个。

孔子上前问道：“你这么灵巧，一定有什么妙招吧?”

驼背老头儿说：“我是有方法的。我用了5个月的时间练习捕蝉技术，如果在竹竿顶上放两个弹丸掉不下来，那么去粘知了时，它逃脱的可能性是很小的；如果竹竿顶上放3个弹丸掉不下来，知了逃脱的机会只有十分之一；如果一连放上5个弹丸掉不下来，粘知了就像捡取地上的东西一样容易了。我站在这里，稳而有力，虽然天地广阔，万物复杂，但我看见和想的只有‘知了的翅膀’。如因万物的变化而分散精力，又怎么能捕到知了呢?”

当你集中精力专心去做一件事情时，一定会做好。

学习也是如此，当你专心致志地去学一门知识的时候，是不会学不好的。之所以成绩差，是因为你根本没把心思用在学习上。

上大学了，学习仍是主业，别把精力都用在其他不必要的地方。本着锻炼的目的，参加社会活动未尝不可，但不要本末倒置，影响了学业。

10. 学业精于思

学习成绩的优劣，表现为分数之差，实际上源于思考方法的不同。

爱若和布若差不多同时受雇于一家超级市场，开始时大家都一样，从最底层干起。可不久爱若受到总经理的青睐，一再被提拔，从领班做到了部门经理。布若却像被人遗忘了一般，还在最底层混。终于有一天布若忍无可忍，向总经理递交辞职信，并痛斥总经理用人不公平。总经理耐心地听着，他了解这个小伙子，工作肯吃苦，但似乎缺少了点什么……

总经理忽然有了个主意，对布若说："布若先生，请您马上到集市上去，看看今天有什么卖的。"布若很快从集市回来说，刚才集市上只有一个农民拉了一车土豆卖。总经理又问："一车大约有多少袋，多少斤？"布若又跑去，回来说有 10 袋。总经理又问："价格多少？"布若再次跑到集市上。总经理望着跑得气喘吁吁的布若说："请休息一会吧，你可以看看爱若是怎么做的。"

说完叫来爱若，对他说："爱若先生，请你马上到集市上去，看看今天有什么卖的。"爱若很快从集市回来了，汇报说到现在为止只有一个农民在卖土豆，有10袋，价格适中，质量很好，他带回几个让经理看。这个农民过一会儿还将弄几筐西红柿上市，据他看价格还公道，可以进一些货。所以他不仅带回了几个西红柿作样品，而且还把那个农民也带来了，他现在正在外面等回话呢。

总经理看了一眼已经红了脸的布若，说："现在你明白为什么提拔爱若了吧?"

布若羞愧得抬不起头。

善于思考的人，能够找到最佳的学习方法。思考得有深度和广度，才会把问题理解得更加透彻，找到最根本和最全面的解决办法。而不善思考的人，理解问题和解决问题往往停留在事情的表面，又怎么会找到完美的答案呢？耍小聪明、不去思考，或是虽肯吃苦但只靠死记硬背，都是不值得提倡的。

勤于思考，才会取得优异的成绩。

11. 以简驭繁才高明

有人在考虑问题时，常常喜欢将简单问题复杂化，结果找不到最有效的解决途径，以至于浪费了大量的精力。在他们看来，要解决的事情越复杂，就越说明事情有难度；解决方法越复杂，就越说明自己有智慧。其实，把一个复杂的问题用最简单的方法解决了，那才叫智慧。

英国某家报纸曾举办过一项有高额奖金的有奖征答活动。题目是：在一个充气不足的热气球上，载着3位关系世界兴亡的科学家。

第一位是环保专家，他的研究可拯救无数人，使他们免于因环境污染而面临死亡的厄运。

第二位是核子专家，他有能力防止全球性的核战争，使地球免于遭受灭亡之灾。

第三位是粮食专家，他能在不毛之地，运用专业知识成功地种植食物，使几千万人摆脱因饥饿而死亡的命运。

此刻热气球即将坠毁，必须丢下一个人以减轻载重，使其余两人得以存活，请问该丢下哪一位科学家？

因为奖金数额巨大，问题刊出之后，信件如雪片般飞来。

在这些信中，每个人都竭尽所能，甚至天马行空地阐述他们认为必须丢下哪位科学家的理由。

最后结果揭晓，巨额奖金的得主是一个小男孩。

他的答案是——将最胖的那位科学家丢出去。

所以，思考的时候，不要一上来就朝着复杂的方向去考虑，而要先理清复杂的表象，然后寻找最简单的解决之道。

12. 书山有路

开卷有益，图书馆是个不可不去的地方。

可有的人宁愿聚在宿舍里打牌，宁愿泡在网吧里玩游戏，也懒得去图书馆；还有的人如果不是为了写论文查资料，根本不会迈进图书馆。

马克思创立的马克思主义理论体系（科学社会主义、马克思主义政治经济学、马克思主义哲学）对20世纪社会的发展产生了深刻的影响。马克思酷爱读书，与图书馆有着不解之缘。

1843 年，马克思迁居巴黎，同卢格合办反对普鲁士反动政府的《德法年鉴》。在巴黎期间，为了大量搜集资料，马克思经常到巴黎的国立图书馆去读书。1845 年 2 月，马克思迁居比利时首都布鲁塞尔。侨居期间，马克思经常到布鲁塞尔皇家图书馆去学习和研究哲学和经济问题。仅政治经济学，马克思就从 72 个不同作者的著作中做了摘录，写了 24 本有关政治经济学的笔记。1847 年，马克思和恩格斯参加了“正义者同盟”，马克思倡议在该同盟的协会里创办一所图书馆，他说自己平生最喜欢的事情就是“啃书本”。

1848－1849 年欧洲革命失败后，马克思流亡到了伦敦。伦敦有个大英博物馆，是世界上规模最大的博物馆之一。博物馆里除了收藏许多珍贵文物以外，还有一间收藏着大量书籍和文献资料的图书馆，图书馆里有一间阅览室。

阅览室是一间结构别致、宽敞而又明亮的大型锥体建筑，四周有环形的大书架，正中是环形的图书目录柜，从目录柜向四周伸展出一排排长桌和座椅。马克思就经常到那去学习和写作。他每天早上9点钟就到阅览室里借阅书籍，作摘录，写笔记，一直到晚上7点钟才回家。吃完晚饭后，他又在书房里，整理笔记，进行写作。

马克思在大英博物馆里前后学习了10年多，他总是准时到那里，坐在D行第2号座位上。当时英国议会出版一种“蓝皮书”，是专门发给议员们的资料。但是，饱食终日的议员先生们没有空闲去看这些枯燥的大部头报告，有的议员就把它当废纸出售，有的议员把它当做手枪射击的靶子，根据子弹穿透的页数来测量手枪的威力。马克思却把图书馆里所有的“蓝皮书”都进行了认真研究。

马克思在读书的时候，常常不由自主地在座位下用脚来回蹭地，经过长年累月的摩擦，竟把水泥地磨去了一层，被人们称为“马克思的脚印”。

图书馆是一座知识的宝库，进去随便翻翻，对知识的积累都大有好处。

另外，等你就业了，找一座像学校这样的图书馆非常不容易，即使能够找到，利用起来也很不方便。

所以，闲着的时候，不妨去图书馆占个座位。

13. 技多不压身

中国已经打开国门，并逐渐融入世界。出色地掌握一门外语在当前这种形势下显得尤为必要。

在一个漆黑的晚上，老鼠首领带领着小老鼠出外觅食。在一家人的厨房里，垃圾桶中有很多剩余的饭菜——对于老鼠来说，这就好像人类发现了宝藏。

正当一大群老鼠在垃圾桶里贪婪地大吃之际，突然传来了一阵令老鼠们肝胆俱裂的声音——猫的叫声。它们震惊之余，四处逃命，但大花猫毫不留情，穷追不舍，终于捉到了两只小老鼠。当猫正要吃掉它们时，却突然传来一连串凶恶的狗吠声，这令大花猫手足无措，狼狈逃命。

大花猫走后，老鼠首领从垃圾桶后面走出来说："我早就对你们说过，多学一门外语有利无害，这次要不是我学狗叫怎么能救你们的命。"

语言是最基本的交流工具。学习外语很重要，多学一门外语就更难能可贵。

在大学里，英语一定要学好。如果有能力和精力，就多学一门外语。

校园里的外语角，要常去转转，这对于提高外语水平很有益处。

14. 在脚下多垫些砖头

要想视线越过前面的人墙，只需在脚下多垫些砖头。这个道理一点也不深奥。

大学毕业时，小李被分配到一个偏远的林区小镇当教师，工资低得可怜。其实小李教学基本功不错，还擅长写作。为此，小李一边抱怨命运不公，一边羡慕那些拥有一份体面工作和优厚薪水的同窗。这样一来，小李不仅工作没了热情，而且连写作也没了兴趣。他整天琢磨着“跳槽”，幻想能有机会换一个好的工作环境，也拿一份优厚的报酬。

就这样，两年时间匆匆过去了，小李的本职工作干得一塌糊涂，写作上也没有什么收获。这期间，他试着联系了几个自己喜欢的单位，但最终没有一个接纳他。

这时，一件微不足道的小事，改变了他一直想改变的命运。

那天学校开运动会，这在文化活动极其贫乏的小镇里无疑是件大事，因而前来观看的人特别多。小小的操场四周很快围出一道密不透风的人墙。

小李来晚了，站在人墙后面，踮起脚也看不到里面热闹的情景。这时，身旁一个很矮的小男孩吸引了小李的视线。只见他一趟趟地从不远处搬来砖头，在那厚厚的人墙后面，耐心地垒着一个台子，一层又一层，足有半米高。当他登上那个自己垒起的台子时，冲小李粲然一笑，脸上流露出成功的喜悦和自豪。

刹那间，小李的心被震动了一下——多么简单的事情啊：要想越过密密的人墙看到精彩的比赛，只要在脚下多垫些砖头就行了。

从此以后，小李满怀激情地投入到工作中去，踏踏实实，一步一个脚印，很快便成了远近闻名的教学能手，各种令人羡慕的荣誉也纷至沓来。业余时间，小李笔耕不辍，成了多家报刊的特约撰稿人，各类文学作品频繁地见诸报刊。小李也因此被调至自己非常喜欢的中专学校任职。

大学就是往脚下垫砖头的地方。珍惜这个机会，好好学习，为自己储备足够的知识，将来才能鹤立鸡群。

千万别等到就业了，才忙不迭地往脚下垫砖头。

15. 站得越高看得越远

一个人站得越高，就会看得越远，对事物的理解也就越深。

有一天，一位禅师为了启发他的门徒，给他的徒弟一块石头，叫他去蔬菜市场试着卖掉它。这块石头很大，很美丽。但是师父说："不要卖掉它，只是试着卖掉它。注意观察，多问一些人，然后只要告诉我在蔬菜市场它能卖多少。"这个人去了。在菜市场，许多人看着石头想：它可做很好的小摆件，我们的孩子可以玩，或者我们可以把它当做称菜用的秤砣。于是他们出了价，但只不过几个小硬币。徒弟回来说："它最多只能卖几个硬币。"

师父说："现在你去黄金市场，问问那儿的人。但是不要卖掉它，光问问价。"从黄金市场回来，这个人很高兴，说："这些人太棒了。他们乐意出 1000 块钱。"

师父说："现在你去珠宝商那儿，但不要卖掉它。"他去了珠宝商那儿。他简直不敢相信，他们竟然乐意出 5 万块钱，他不愿意卖，他们继续抬高价格——10 万。他坚持说："我不打算卖掉它。"他们

就说：“我们出 20 万、30 万，或者你要多少就多少，只要你卖！”他说：“我不能卖，我只是问问价。”

徒弟回来，师父拿回石头说：“我们不打算卖掉它，不过现在你明白了，这个石头卖多少钱要看你，看你是不是有试金石、理解力。如果你是生活在蔬菜市场，那么你只有那个市场的理解力，你就永远不会认识到更高的价值。”

一个人老是处于蔬菜市场，他就只有蔬菜市场的理解力；如果处于黄金市场，他就会有黄金市场的理解力；如果处于珠宝市场，自然就会有珠宝市场的理解力。

同样，一个人读到中学，自然就只有中学的理解力；读到大学，就会有大学的理解力；读到研究生，就会有研究生的理解力；出国留学，就会有世界的理解力。

所以，如果你有条件，就要继续深造；如果没有条件，就要创造条件，将读书进行到底！

16. 决定你上升的力量

决定一个人向前发展的是外表，还是内在的素质？

有一次，一个推销员在纽约街头推销气球。生意稍差时，他就会放出一个气球。当气球在空中飘浮时，就有一群新顾客聚拢过来，这时他的生意又会好一阵子。

他每次放的气球都变换颜色，起初是白的，然后是红的，接着是黄的。过了一会儿，一个黑人小男孩拉了一下他的衣袖，望着他，并问了一个有趣的问题："先生，如果你放的是黑色气球，会不会上升?"

他打量了一下这个小孩，然后以一种同情、智慧和理解的口吻说："孩子，不是气球的颜色，而那是气球内所装的东西使它们上升的。"

决定气球上升的是内部所装的气体。

决定人提升发展的是内在的力量——包括品质、修养、知识、能力等。

所以，别在穿着打扮上下功夫。外表可能会对一个人的发展有影响，但绝对不会起决定作用。

还是好好学习，想想怎样增强自己的内在力量吧。

17. 学习也需自省

一个人要经常检验自己的学习成果，才会知道自己学得怎么样。

一个替人割草打工的男孩打电话给一位陈太太说："您需不需要割草？"

陈太太回答说："不需要了，我已请了割草工。"

男孩又说："我会帮您拔掉花丛中的杂草。"

陈太太回答："我的割草工也做了。"

男孩又说："我会帮您把草与走道的四周割齐。"

陈太太说："我请的那人也已经做了，谢谢你，我不需要新的割草工人。"

男孩便挂了电话。此时男孩的室友问他说："你不是就在陈太太家割草打工吗？为什么还要打这电话？"

男孩说："我只是想知道我做得有多好！"

浑浑噩噩、从不关心自己的学习成果的人永远学不好。及时了解自己学得怎么样，才会有的放矢，改进自己学习中的不足，取得更好的成绩。

所以，除了积极对待必须的考试，还要积极参加别的活动——比如演讲、竞赛——来检验自己的学习成果。

18. 迷恋网游是一种罪

偶尔玩玩网络游戏，放松一下，无可厚非，但要陷进里面不能自拔，就是一种罪。

张阳大学二年级的时候迷上了《传奇》，不停地练级，不停地打钱、打装备，似乎觉得那些才是全世界最最重要的。他疯狂地旷课——最长的一次竟然和同学在网吧一口气待了16天，结果被学校除名了还不知道。

当他满脸菜色地从网吧回到学校，刚躺到宿舍的小床上，刚听到宿舍哥们传达的坏消息，就看到了母亲哀怨的眼神。她斜斜地倚在他们寝室的门框上，也许是没睡好的原因，脸上有点浮肿，眼睛直愣愣地看着他，好像垂死的犯人在木讷地盯着那个在他脖子上套绞索的刽子手。他从未见过母亲这样，刚才的满脸不在乎顿时僵在了脸上。

原来，早在一个星期前，学校就已经通知了他的母亲，告诉了他离校的消息和系里对他除名的决定。当他在《传奇》世界里乐不思蜀的时候，他的母亲已然向单位请了长假，住在了学校的旅社里，等待着他回来。

母亲突然蹲了下来，准确地说是沿着门框滑了下来，宿舍里一下子静得连根针掉到地上都听得见。本想上来劝慰劝慰的同学都吓着了，装成在看书的样子不敢发声。他把头埋了下来，脑袋里一片空白，嗡嗡作响，唯一的想法就是母亲快把他叫出去，然后他乘机溜走，离开这个鬼地方，不管以后是生是死。因为他觉得现在的感觉比死都难过，他真不希望同学看到自己现在的狼狈样。那年他已经20岁了，他觉得自己是个成年人了，所以很在乎自尊，可母亲把他的自

尊无情地撕毁了。她坐在那里小声抽泣起来，像一个孩子丢失了心爱的玩具一样伤心，她的肩膀随着她声带的颤动而起伏着。她哭得那么伤心，好像忘记了周围的一切，忘记了这里是她儿子的宿舍，忘记了她儿子所谓的自尊。

“够了，别在这里哭了，要哭你回去哭，我受够了！我自己做的事我自己承担！”他嚎叫起来，他不能忍受自己最后的一点尊严被母亲这样践踏。

母亲的抽泣停住了，她用那双无力的眼睛死死地盯住儿子，仍旧是一言不发。他把冲着母亲的脸扭到一旁，他觉得母亲已经有点失常，因为从小到大他也没看见过她这样。这时系主任来到了宿舍，安慰起母亲来。母亲依旧那样一动不动地看着儿子，脸上一点表情也没有。突然，她朝着系主任跪了下来！母亲在他记事时起就是个很要面子、很清高的知识分子，她在一所中学里教语文，她把自己的名誉看得比金子都贵重，可今天为了不争气的自己，竟然在另外一个和她同一职业而且年龄还比她小的女人面前跪下了！他感觉自己像死了一样，所有在脑海里想好的退路和托词刹那间全变成了糨糊。他的心像被大铁球撞击着；他的全身像灌满了水银，沉重得一动也不能动。

以后的日子他被留校察看，据知情的人说是系主任到处活动的结果，但他心里明白这是母亲用她的尊严换来的。从那以后，他再也没去玩过《传奇》，他比任何人都自卑地学习，因为母亲跪下的那一刻像用烙铁深深地烙在了他的记忆里。每当从网吧门口经过

抵挡不住诱惑的时候，那一幕就会自然地浮现上来，再一次刺痛他，让他一丝也不敢松懈地继续向前……

迷恋网游，自然会影响学习，如果到了故事中主人公那样的程度，就是一种危害了。

迷恋网游，还要花费金钱。千万别期望靠网游挣钱，那样只会让你越陷越深。

凭这两条，你就不该迷恋网游，还是选择参加一些有益的文体活动吧。

19. 抓住当下

有些人之所以反感读书，只想着坚持读完 4 年本科就不错了，是因为觉得要学那么多的课程，是一件很难的事。

一只新组装好的小钟放在了两只旧钟当中。两只旧钟“滴答”、“滴答”一分一秒地走着。

其中一只旧钟对小钟说：“来吧，你也该工作了。可是我有点担心，怕你走完 3200 万次以后便吃不消了。”

“天哪！3200 万次。”小钟吃惊不已，“要我做这么大的事？办不到，办不到。”

另一只旧钟说：“别听他胡说八道。不用害怕，你只要每秒滴答摆一下就行了。”

“天下哪有这样简单的事情?”小钟将信将疑，“如果这样，我就试试吧。”

小钟很轻松地每秒钟“滴答”摆一下，不知不觉中1年过去了，它摆了3200万次。

可见，只要你抓住当下，别浪费光阴，一天一天地学习，一门一门地学习，自然很轻松地就能学完应学的课程了。

放下包袱，摆正心态，学习就是一种乐趣。

20. 别拖到自己后悔死

拖延是一种恶习。这种恶习是懒人的专利。

深夜，一个危重病人迎来了他生命中的最后一分钟，死神如期来到了他的身边。他对死神说：“再给我一分钟好吗?”死神回答：“你要一分钟干什么?”他说：“我想利用这一分钟看一看天，看一看地。我想利用这一分钟想一想我的朋友和我的亲人。如果运气好的话，我还可以看到一朵绽开的花。”

死神说：“你的想法不错，但我不能答应。这一切都留了足够的时间让你去欣赏，你却没有像现在这样去珍惜。你看一下这份账单：在60年的生命中，

你有三分之一的时间在睡觉；剩下的30多年里你经常拖延时间，曾经感叹时间太慢的次数达到了10000次，平均每天1次；上学时，你拖延完成家庭作业；成人后，你抽烟、喝酒、看电视，虚度光阴。

“我把你的时间明细账罗列如下：做事拖延的时间从青年到老年共耗去了36500个小时，折合1520天，做事有头无尾、马马虎虎，使得事情不断地要重做，浪费了大约300多天。因为无所事事，你经常发呆；你经常埋怨、责怪别人，找借口、找理由、推卸责任；你利用工作时间和同事侃大山，把工作丢到了一旁毫无顾忌，或工作时间呼呼大睡；你还和无聊的人煲电话粥；你参加了无数次无所用心、懒散昏睡的会议，这使你的睡眠时间远远超出了20年；你也组织了许多类似的无聊会议，使更多的人和你一样睡眠超标；还有……”

说到这里，这个危重病人就断了气。死神叹了口气说：“如果你活着的时候能节约1分钟的话，你就能听完我给你记下的账单了。唉，真可惜，世人怎么都是这样，还等不到我动手就后悔死了。”

做事拖延的人，总是把现在要完成的事拖到以后做，把今天要完成的事拖到明天做，而且还为自己寻找各种借口和托词，从不反思自己的行为。这样做的后果是将拖延当做了终身的爱好和习惯，一生无所成就。

防止拖延的最根本的方法就是“今日事，今日毕”。今天要完成的学习任务，决不让它过夜。养成这样一种习惯后，自然就不会拖延了。

千万别拖到自己后悔死，让死神都笑话你。

21. 有一种神奇的力量叫“忘我”

忘我是一种神奇的力量，是一种崇高的境界。

1858 年的一天，瑞典的一个富人家生下了一个女儿。然而不久，孩子患上了一种无法解释的瘫痪症，丧失了走路的能力。

一次，女孩和家人一起乘船旅行。船长的太太给孩子讲船长有一只天堂鸟，孩子被她对这只鸟的描述迷住了，很想亲自看一看。于是保姆把孩子留在甲板上，自己去找船长。孩子耐不住性子等待，她要求船上的服务生立即带她去看天堂鸟。那服务生并不知道她的腿不能走路，而只顾带着她一道去看那只美丽的小鸟。奇迹发生了，孩子因为过度地渴望，竟忘我地拉住服务生的手，慢慢地走了起来。从此，孩子的病便痊愈了。女孩子长大后，又忘我地投入到文学创作中，最后成为第一位荣获诺贝尔文学奖的女性，也就是茜尔玛·拉格萝芙。

人一旦进入忘我的境界，身上的潜能就会源源不

断地被激发出来，就会做出常人觉得不可能的事情。

很多人之所以成绩平平，并不是不聪明，而是因为没有把全部精力倾注到学习中去。他们眼睛盯着书本，心却不时飞到九霄云外，又怎么会做到最好呢？

当你忘掉自己，心无旁骛地专注去做一件事时，你就会进入忘我的境界，就会创造神奇。

22. 张弛有道方得长远

随着就业压力的不断加剧，学习的压力也在不断加大。学习上学会一张一弛，就会让神经得到适当的调节，这样才能拥有持续的旺盛的精力。

培训师在课堂上拿起一杯水问台下的听众：“各位认为这杯水有多重？”有人说是半斤，有人说是1斤，培训师则说：“这杯水的重量并不重要，重要的是你能拿多久？拿1分钟，谁都能够；拿1个小时，可能觉得手酸；拿1天，可能就得进医院了。其实这杯水的重量是一样的，但是你拿得越久，就越觉得沉重。这就像我们承受着压力一样，如果我们一直把压力放在身上，到最后就会觉得压力越来越沉重而无法承受。我们应该放下这杯水，休息一下后再拿起来，如此我们才能拿得更久。所以，各位应该将承受的压力适时放下并好好地休息一下，然后再重新拿起来，如此才可承受更久。”

曾几何时，进入大学就等于踏上了锦绣前程，作为国家培养的栋梁之材，就业时都是香饽饽，而且待遇优厚。现在，进入大学只是进入了人生另一个竞技场，千军万马还得争过就业这座独木桥。因此背负上压力，是正常的。但不要老是把压力背在身上，要学着减压，不然就可能无法承受。

减压的方式有很多种，如参加各种有益的运动，保持充足的睡眠，向家人倾诉，等等。

文武之道，一张一弛。张弛有道，方得长远。

23. 大学是腾飞的起点

很多人认为，大学是自己学习的终点，经过4年的学习，就可以一劳永逸了。真的是这样吗？

一位武林高手跪在武学宗师的面前，准备接受象征荣誉的黑带。他经过多年的严格训练，在武林终于出人头地了。

“在授予你黑带之前，你必须接受一个考验。”武学宗师说。

“我准备好了。”徒弟答道，他以为可能是最后一个回合的练拳。

"你必须回答最基本的问题：黑带的真正含义是什么？"

"是我习武的结束。"徒弟答道，"是我辛苦练功应该得到的奖励。"

武学宗师等待着他再说些什么，显然他不满意徒弟的回答。最后他开口了："你还没有到拿黑带的时候，一年以后再来。"

一年以后，徒弟再次跪在宗师的面前。

"黑带的真正含义是什么？"

"是本门武学中最杰出和最高荣誉的象征。"徒弟说。

武学宗师等啊等，过了好几分钟，徒弟还是不说话，显然他很不满意。他最后说："你仍然没有到拿黑带的时候，一年以后再来。"

一年以后，徒弟又跪在宗师的面前，宗师又问："黑带的真正含义是什么？"

"黑带代表开始——代表无休止的磨炼、奋斗和追求更高标准的里程的起点。"

"好，你已经可以接受黑带开始奋斗了。"

所以，你不妨把那张大学录取通知书，看做一条"黑带"。

进入了高校，一下子从高考前紧张的学习中解脱出来，似乎该放松了，该享受了。其实不然，一是你的学业没有结束，大学里有更多你需要学习的东西；二是当今大学生就业压力大，那种考上大学就等于捧上“金饭碗”的时代一去不复返了。大学成为了你继续磨炼、追求更高目标的起点。

大学是一个“亚社会”，你不但要继续学习文化科学知识，还要锤炼适应社会的能力。这个基础打牢了，将来踏上社会，你才会有更好的发展。

大学是你腾飞的起点。所以，好好珍惜大学光阴，努力学习吧。唯有如此，你将来才不会遗憾和后悔。

第二章
心态决定一切

“谁要是游戏人生，他就一事无成；
谁不能主宰自己，就永远是一个奴隶。”

——德国作家歌德

1. 人生观才是根本

当今世界，意识形态纷繁复杂。一个人信仰什么，往往可以决定他的生存状况，以及他最终的价值体现。所以，你应该擦亮自己的慧眼，建立起正确的人生观和价值观。

一个牧师正在准备讲道的稿子，他的小儿子却在一边吵闹不休。牧师无可奈何，便随手拾起一本旧杂志，把色彩鲜艳的插图——一幅世界地图，撕成碎片，丢在地上，说道："小约翰，如果你能拼好这张地图，我就给你两角五分钱。"

牧师以为这样会使约翰花费掉上午的大部分时间，但是没过 10 分钟，儿子又来敲他的房门。牧师看到约翰如此之快地拼好了一幅世界地图，感到十分惊奇："孩子，你怎么这样快就拼好了地图?"

"啊，"小约翰说，"这很容易。在另一面有一个人的照片，我就把这个人的照片拼到一起，然后把它翻过来。我想如果这个人是正确的，那么，这个世界也就是正确的。"

牧师微笑起来，给了他的儿子两角五分钱。"你

替我准备了明天讲道的题目：如果一个人是正确的，他的世界也就会是正确的。”

可见，一个人的未来世界建设得怎么样，取决于他对待所处世界的态度，也就是取决于他的人生观。

如果他的人生观是正确的，那么，他将建立起一个正确的世界。他会成为一个道德高尚的人，他会成为一个事业有成的人，他会成为一个对人类和社会发展做出贡献的人。自然，他也会具有健康的心态：自信、自尊、自爱、自重、积极乐观、坚韧不拔、胜不骄而败不馁……他会快乐地创造着，幸福地收获着。

所以，即使是进入大学了，也要反思自己的人生观和心态。趋之若鹜的，不一定是正确的；流行时尚的，不一定是有价值的。去其糟粕，取其精华，才会树立起正确的人生观和健康的心态。

你种下了什么，你将收获什么。

2. 命运在自己手里

有人常常慨叹：“都是命中注定！”你发出过这样的慨叹吗？

有一个人去拜会一位事业上颇有成就的朋友，闲聊中谈起了命运。

他问："这个世界到底有没有命运?"

朋友说："当然有啊。"

他又问："命运究竟是怎么回事？既然命中注定，那奋斗又有什么用?"

朋友没有直接回答他的问题，但笑着抓起他的左手，说不妨先看看他的手相，帮他算算命。给他讲了一些生命线、爱情线、事业线等诸如此类的话之后，朋友突然对他说："把手伸好，照我的样子做一个动作。"朋友的动作是：举起左手，慢慢地且越来越紧地握起拳头。

完成动作后，朋友问："握紧了没有?"

他有些迷惑，答道："握紧啦。"

朋友又问："那些命运线在哪里?"

他机械地回答："在我的手里呀。"

朋友继续追问："命运在哪里?"

他恍然大悟：命运在自己的手里！

朋友很平静地继续说道："不管别人怎么跟你说，不管算命先生如何给你算，记住，命运在自己的手里，而不是在别人的嘴里！这就是命运。当然，你再看看你自己的拳头，你还会发现你的生命线有一部分还留在外面，没有被握住，它又能给我们什么启示？命运绝大部分掌握在自己手里，但还有一部分掌握在'上天'手里。古往今来，凡成大业者，'奋斗'的意义就在于用其一生的努力去争取。"

可见，命运在自己手里。一个人最终成为怎样的

人，成就怎样的事业，完全靠自己把握。

迈入大学校园，不想长大只能成为一个童话。不论于情于理于法，你都该靠自己生活。遇到困难，先想想自己能否解决，如何解决，而不是先给父母打电话。

握紧拳头，用力挥舞一下，给自己信心，给自己力量。

3. 今天的目标是明天的成就

毛泽东主席曾经说过：“我们都是来自五湖四海，为了一个共同的革命目标走到一起来了。”走进高校的校门，不知你是否确立了明确的目标？

哈佛大学在一群智力与年龄都相近的优秀青年人之中进行了一次关于人生目标的调查，调查结果显示如下：

3%的人有自己清晰的长远目标，后来他们几乎都成了社会各界的精英、行业领袖；10%的人有清晰但比较短期的目标，后来他们几乎都是各专业领域的成功人士，生活在社会的中上层，事业有成；60%的人只有一些模糊的目标，后来他们基本上属于社会大众群体，生活在社会中下层，事业平平；27%的人没有目标，后来他们都过得很不如意，工作不安定，常常抱怨社会、抱怨政府、怨天尤人。

可见，一个人有多大的目标，他才会获得多大的成功。你今天的生活状态，就是你过去的目标。

没有目标的人，犹如无头苍蝇，又怎会舞出精彩的人生？目标模糊的人，就像醉酒的人晃悠在森林里，又怎会找到正确的出路？只有短期目标的人，很容易自我满足，得过且过，又怎会欣赏到事业巅峰那醉人的风景？

目标是前进的动力，你的目标有多大，你的动力就有多大。不要担心自己能力不够，一旦你确定了目标，并付诸行动，你的动力将源源不断涌现出来。

你现在确立目标了吗？如果没有，就要从大学生活的新奇和放松中清醒过来，认真想一想，你的大学生活该怎样度过？你的人生画卷该怎样去描绘？

4. 生于忧患而死于安乐

孟子曾经说过：“生于忧患，而死于安乐也。”然而很多高校新生却认为这句话不适合自己，在他们眼里，大学是乐园——不再为高考而鏖战，还可以光明正大地跟异性交往，简直就是世外桃源啊。

美国康奈尔大学做过一次有名的实验：

实验研究人员把一只青蛙冷不防丢进煮沸的油锅里，环境急速变化之下，这只反应敏捷的青蛙，在千钧一发的生死关头，用尽全力，跃出那势必使它葬身的滚滚油锅，跳到锅外的地面，安然逃生。隔了半小时，他们拿来一个同样大小的铁锅，这一回在锅里面放满五分之四的冷水，然后把那只刚刚死里逃生的青蛙放到锅里。这只青蛙在水里不时来回泅游。接着，实验人员偷偷在锅底下用炭火慢慢加热。青蛙不知究竟，仍然悠然地在微温的水中享受“温暖”，等到它开始意识到锅中的水温已经熬受不住，必须奋力跳出才能活命时，一切为时已晚，它欲跃乏力，全身瘫软，呆呆躺在水里，卧以待毙，终致葬身在锅里。

实验中的青蛙第二次为什么跳不出油锅？

因为它全身瘫软，没有力气。这又为什么？

因为它贪恋“温暖”，不知不觉中消磨掉了体力和斗志。这又为什么？

因为它没有观察到环境的变化，丧失了警惕。

人同样如此，具有忧患意识，就会敏锐地感应到周围环境的变化；处于安乐状态，就会丧失警惕，危机来临了也熟视无睹。如果把大学当做安乐窝，以为享受完4年安逸的生活，美好的前程就为自己打开，那在激烈的竞争中必然会败下阵来。

社会变化快，大学同样如此，学习的竞争、就业的竞争，此起彼伏而又不断变化。只有具有忧患意识的人，才能感应到这种变化，并不断适应这种变化。

5. 积极心态成就梦想

心态决定成败。不同的心态促成不同的人生。

有位秀才第三次进京赶考，住在一个经常住的店里。考试前两天他做了三个梦，第一个梦是梦到自己在墙上种白菜，第二个梦是下雨天，他戴了斗笠还打伞，第三个梦是梦到跟心爱的表妹脱光了衣服躺在一起，但是背靠着背。

这三个梦似乎有些深意，秀才第二天就赶紧去找算命的解梦。算命的一听，连拍大腿说："你还是回家吧。你想想，高墙上种菜不是白费劲吗？戴斗笠打雨伞不是多此一举吗？跟表妹都脱光了躺在一张床上了，却背靠背，不是没戏吗？"

秀才一听，心灰意冷，回店收拾包袱准备回家。店老板非常奇怪，问："不是明天才考试吗，今天你怎么就回乡了？"秀才如此这般说了一番，店老板乐了："哟，我也会解梦的。我倒觉得，你这次一定要留下来。你想想，墙上种菜不是高种吗？戴斗笠打伞不是说明你这次有备无患吗？跟你表妹脱光了背靠背躺在床上，不是说明你翻身的时候就要到了吗？"

秀才一听，觉得此话更有道理，于是精神振奋地参加了考试，居然中了个探花。

可见，人总是被自己的心态左右。积极的心态会让人释放出潜力，不断走向成功；消极的心态则使人倍感沮丧，到头来只能走向失败。

积极地面对学习和生活吧！这样就会离梦想越来越近。

6. 汲取积极的力量

同一件事物，不同心态的人总能解读出不同的含义。悲观的人看到了悲观的一面，乐观的人发现了解决问题的方法，积极的人感受到了向上的力量。

雨后，一只蜘蛛艰难地向墙上已经支离破碎的网爬去。由于墙壁潮湿，它爬到一定的高度，就会掉下来，它一次次地向上爬，一次次地又掉下来……

第一个人看到了，叹了一口气，自言自语："我的一生不正如这只蜘蛛吗？忙忙碌碌而无所得。" 于是，他日渐消沉。第二个人看到了，说："这只蜘蛛真愚蠢，为什么不从旁边干燥的地方绕一下爬上去？我以后可不能像它那样愚蠢。"于是，他变得聪明起来。第三个人看到了，他立刻被蜘蛛屡败屡战的精神感动了。于是，他变得坚强起来。

可见，因为心态的悲观，一个人才看到了悲观的一面；因为心态中积极的因素，一个人才看到了乐观和积极向上的一面。

一个人要学会从事物中汲取积极的力量。无论在学习还是生活中，总是会遇到纷繁复杂的事情，有悲，也有喜；只要你养成从事物中汲取积极力量的习惯，无论发生什么事，你都会从中受益。

7. 搬走你心中的顽石

有人经常发出这样的感慨：

“英语过六级，那是多么难的事啊，我能过四级就不错了。”

“考研？那可是千军万马过独木桥啊。我还是别浪费精力了。”

“出国留学？这事我想过，可是……”

……

是什么导致了他们这样想呢？

从前有一户人家的菜园里有一块大石头，宽度大约有40厘米，高度大约有20厘米。到菜园的人，不小心就会踢到那块大石头，不是跌倒就是擦伤。

儿子问父亲：“那块讨厌的石头，为什么不把它挖走？”

父亲回答：“那块石头从你爷爷时代就一直放在

那里了，它的体积那么大，不知道要挖到什么时候，与其没事挖石头，不如走路小心一点。”

过了几十年，这块大石头留到了下一代，当时的儿子当了父亲，而且还成了公公。

有一天儿媳妇气愤地说：“爸爸，菜园那块大石头，我越看越不顺眼，改天请人搬走好了。”

“算了吧！那块大石头很重的，可以搬走的话在我小时候就搬走了，哪会让它留到现在啊?”

媳妇心里非常不是滋味，那块大石头不知道让她跌倒多少次了。

一天早上，媳妇带着锄头和一桶水，将水倒在大石头的四周。十几分钟后，媳妇用锄头把石头周围的泥土搅松了。

媳妇早有心理准备，觉得可能要挖一天时间，可谁都没想到几分钟就把石头挖出来了。看看大小，这块石头没有想象的那么大，大家都被它巨大的外表蒙骗了。

有的人心里，也有一块顽石，这块顽石的名字叫“惰性”。每个人心中都有惰性，一旦任其生长而不加以清除，就会长成难以逾越的巨石。而当你清除掉惰性，积极去做那些你曾以为不可能完成的事情时，才发现其实没有你想象的那样难；只要你认真去做，你也能完成，甚至完成得非常完美。

所以，下决心搬掉你心中的顽石吧。否则，你永远不会改变现状，自然不会有好的发展。

8. 跳出生命的枯井

如果你不小心掉进了一口枯井里，你会怎么办？

有一天，一个农夫牵着一头驴子正走着，驴子不小心掉进了一口枯井里。农夫绞尽脑汁想救出驴子，但几个小时过去了，驴子还在井里痛苦地哀嚎着。最后，这位农夫决定放弃，他觉得这头驴子年纪大了，不值得大费周折把它救出来；不过无论如何，这口井还是得填起来。于是农夫便请来左邻右舍帮忙，打算一起将井中的驴子埋了，以解除它的痛苦。农夫的邻居们每人一把铲子，开始将泥土铲进枯井中。

当这头驴子了解到自己的处境时，刚开始嚎得很凄惨，但出人意料的是，一会儿之后这头驴子就安静了下来。农夫好奇地探头往井底一看，出现在眼前的景象令他大吃一惊：当铲进井里的泥土落在驴子的背部时，驴子的反应令人惊奇——它将泥土抖落在一旁，然后再站到土堆上！就这样，驴子将大家铲到它身上的泥土全数抖落在井底，然后再站上去。很快地，这只驴子便得意地上升到井口，然后在众人惊讶的表情中快步地跑开了！

如果驴子只是在枯井中哀嚎，那它终将被埋葬在井底。但是，驴子将落在身上的泥土抖落掉，然后踏在上面，从而成功地走出了困境。

无论在学习还是生活中，你都难免遇到与驴子类似的境况，陷进“枯井”里。困难、挫折、失意，像泥土一样一股脑儿压在你的身上。如果你不把它们抖落掉，你就会被压在下面，被埋葬在“枯井”中。如果你锲而不舍地把它们抖落掉，然后踩在脚下，即使再深的“枯井”，你也能跳出来。

面对困难和挫折，要积极寻找解决的方法；如果只是唉声叹气、怨天尤人，你永远无法跳出生命的“枯井”。

9. 换个角度看世界

有的人经常沉浸在郁闷之中，有的人则笑口常开，究其原因就会发现不是他们遇到的事情不同，而是他们看事情的角度不同。

有一个培训师早上坐出租车去深圳郊区的一家企业做培训。因正好是上班高峰时间，没多久车子就堵在车阵中，此时前座的司机开始不耐烦地叹起气来。培训师忍不住问：“最近生意好吗？”后照镜中的脸耷拉下来，满腹怨气地说：“有什么好？到处都不景气，你想我们出租车生意会好吗？每天十几个小时，也赚不到什么钱，真是气人！”

培训师说：“不过还好，你的车很大很宽敞，即便是塞车，也让人觉得很舒服……”司机激动地打断培训师的话说：“舒服个鬼！不信你来每天坐12个小时看看，看你还会不会觉得舒服！”接着他的话匣子打开了，抱怨车价还要下调，抱怨社会不公。培训师只能安静地听，一点儿插嘴的机会也没有。

第二天同一时间，培训师又坐出租车去郊区同一家企业做培训。一上车，一张笑容可掬的脸庞转了过来，伴随的是轻快愉悦的声音：“你好，请问要去哪里?”真是难得的亲切！培训师心中有些诧异，随即告诉了司机目的地。司机笑着说：“好，没问题！”然而没走两步，车子又在车阵中动弹不得了。没想到，司机竟手握方向盘，开始轻松地吹起口哨哼起歌来。培训师忍不住说：“看来你今天心情很好嘛！”司机笑得露出了牙齿：“我每天都是这样啊，每天心情都很好。”“为什么呢?”培训师问，“大家不都说经济不景气，工作时间长，收入不理想吗?”司机说：“没错，我也有家有小孩要养，所以开车时间也跟着拉长为12个小时。不过，日子还是过得很开心的，我有个秘密……”他停顿了一下，“说出来先生你别笑我，好吗?”

他说：“我总是换个角度来想事情。例如，我觉得出来开车，其实是客人付钱请我出来玩。像今天一早，我就碰到你，花钱请我跟你到郊外玩，这不是很好吗?等到了郊外，你去办你的事，我就正好可以顺

道欣赏欣赏郊外的景色，抽根烟再走啦！”他继续说：“像前几天我载一对情侣去东湖水库看夕阳，他们下车后，我也下来喝碗鱼丸汤，挤在他们旁边看看夕阳才走，反正来都来了嘛，更何况还有人付钱呢？”

可见，换个角度看世界，世界便有所不同。

如果你总是在学习和生活中感受到苦恼和无望，那很可能是你看事情的角度错了。一旦换个角度看世界，你就会感受到快乐，看到希望。

比如，你家庭状况不好，看着富裕的同学潇洒地花钱，你却只能靠做家教补贴学费，如果你把这当做磨炼的机会，它就会成为一笔财富，你应该为此而高兴。再比如，你追一个漂亮的女生，却花落人家，如果你想到上天会赐给你更美满的姻缘，你应该感到幸运。

换个角度看世界，你才不会钻牛角尖，进而产生积怨，甚至一时冲动做出对自己不利的事情来。

10. 像李维斯那样“思考制胜”

鲁迅笔下有个阿Q，他的“精神胜利法”常常成为他人的笑柄。美国也有个类似阿Q的人物，他却让人肃然起敬。

“牛仔大王”李维斯当年像许多年轻人一样，带着梦想去西部淘金。一日，突然有一条大河挡在了他前面，他想了很多办法，也无法安全渡过。苦等数日，被阻隔的行人越来越多，于是伴随着一片抱怨声有人陆续向上游、下游绕道而行，也有人打道回府。李维斯突然想起曾有人传授给他的一个“思考制胜”的法宝，是这样一段话：“太棒了，这样的事情竟然发生在我的身上，又给了我一个成长的机会。凡事的发生必有其因果，必有助于我。”于是他来到大河边，不断重复着对自己说：“太棒了，大河居然挡住我的去路，又给我一次成长的机会，凡事的发生必有其因果，必有助于我。”他忽然想到了一个绝妙的生意——摆渡。为了过河，很多淘金者都坐他的渡船，迅速地，他积累了人生的第一笔财富。

一段时间后，摆渡生意开始清淡。他继续前往西部淘金。到达西部后，他找到一块合适的空地方，买了工具便开始淘起金来。没过多久，有几个恶汉围住他，叫他滚开。他刚理论几句，那伙人便失去耐心，冲他一顿拳打脚踢。无奈之下，他只好离开。好容易找到另一处合适的地方，没多久，同样的悲剧重演，他又被人轰了出来。看着那些人扬长而去的背影，他又一次想起他的“制胜法宝”：太棒了，这样的事情竟然发生在我的身上，又给了我一次成长的机会，凡事的发生必有其因果，必有助于我。他兴奋地反复对自己说着，终于，他又想出了另一个绝妙的生意——卖水。

西部缺水，不久他卖水的生意便红红火火。慢慢地，也有人加入了他的新行业。终于有一天，在他旁边卖水的一个壮汉对他发出通牒：“小个子，以后你别来卖水了，从明天早上开始，这儿卖水的地盘归我了。”他以为那人是在开玩笑，第二天依然来了，没想到那家伙立即走上来，不由分说便对他一顿暴打，最后还将他的水车也一起拆烂。他不得不再次无奈地接受现实。然而当那家伙扬长而去时，他却立即对自己说：太棒了，这样的事情竟然发生在我的身上，又给我一次成长的机会，凡事的发生必有其因果，必有助于我。这次他发现来西部淘金的人，衣服极易磨破，同时又发现西部到处都有废弃的帐篷，于是他把那些废弃的帐篷收集起来，冲洗干净，缝成了世界上第一条牛仔裤！从此一发不可收拾，他最终成为举世闻名的“牛仔大王”。

李维斯的“思考制胜法”，很容易让人想起阿Q的“精神胜利法”。生活和学习中难免遇到挫折，我们需要自我安慰一下，给自己鼓劲。

然而，如果只是像阿Q那样在精神上爽快一下，也无济于事。我们需要像李维斯那样，在挫折面前积极寻找解决问题的方法，并最终找到出路。

所以，在遭遇挫折时，别学阿Q，而是像李维斯那样“思考制胜”吧。

11. 坚持才会胜利

大学生大都正处在做梦的年龄阶段，会有各种各样的梦想。但要记住，一旦确立了目标，就应该坚持下去，这样才能一步一步到达理想的彼岸。

有一个人，15 岁那年来到费城，跟母亲和继父生活在一起。他学习成绩不好，但显露出过人的体育天赋。高中毕业以后，他找不到一家愿意招收他的大学，而参加海军又不够年龄。好不容易他才得到了瑞士一家戏剧学院的奖学金：一边给女学生上体育课，一边学习戏剧课程。在排演阿瑟·米勒的名剧《推销员之死》时，他终于找到了自己的理想与追求：做一名演员，打进好莱坞，开创一番事业。

他满怀希望地回到美国，进入迈阿密大学，在戏剧表演系正式学习表演艺术。然而，他的导师并没有去引导他、教诲他，而是努力劝说他退学——他们认为当演员根本不是他所能从事的职业。但他固执地坚持着，认真地学习着，结果距离毕业要求还是差了 3 个学分。他又一次退学，只身来到纽约闯天下。

母亲建议他先学着写剧本，以一个剧作家的身份去竞争。他开始把自己关起来，一心一意地写剧本。剧本写了一大堆，也卖出去几部。在拿到第一笔稿酬之前，他生活的来源是靠打零工赚钱：在动物园清洗狮子笼，送比萨饼，帮助别人钓鱼，在书店帮人照看书摊以及在电影院当领座员，偶尔也能在百老汇外围剧院里找到一些临时性的小角色，并曾出现在伍迪·艾伦的《香蕉》一片中。可是这些断断续续的表演经历并没有给他带来好的机会，他决定去加利福尼亚寻找未来。

刚到好莱坞时，他住在一间破旧的汽车旅馆里。有天晚上，他看了一场电视直播的拳击比赛，由穆罕默德·阿里对一位名不见经传的拳击手查克·威普勒，威普勒在阿里的铁拳下居然支撑了15个回合。拳赛一结束，他就找到了创作新剧本的灵感，然后只用了3天时间便写就了剧本《洛奇》：一个叫洛奇的业余选手，由于偶然的机会，与世界拳王对抗而一战成名。

他开始拿着剧本去拜访电影公司。有不少精明的制片人看中了这个剧本，但他坚持自己主演，这让他遭到了一连串的拒绝，但他并没有气馁。当时好莱坞有500家电影公司，他根据自己认真划定的路线和排列好的名单顺序一一拜访，第一轮下来，均遭到了拒绝。他又从第一家开始，继续他的第二轮拜访和自我推荐，又都遭到了拒绝。第三轮的结果仍与前两轮相同。他又咬牙开始了第四轮拜访，当拜访完第349家后，第350家的老板破天荒地答应了他。他一共经历了1849次失败，终于赢得了机会。

这个人就是西尔维斯特·史泰龙。《洛奇》以很低的成本在一个月内就拍完了。史泰龙饰演的那个出身社会底层但不甘失败、为自己的尊严勇敢搏斗、虽败犹荣的形象得到了人们的同情和认可。《洛奇》成了好莱坞电影史上一匹最大的黑马：在1976年，这部影片票房突破2.25亿美元，并夺走了奥斯卡最佳影片与最佳导演奖，史泰龙还获得了最佳男主角与最佳编剧的提名。史泰龙从此一举成名，开始了他的好莱坞星路生涯。

可见，确立目标容易，坚定不移地去实现目标却很难。在实现目标的过程中，不可避免地会遇到挫折，而且你确立的目标越大，往往遇到的挫折也越大。有的人面对一次挫折的打击，还能挺住，面对N次挫折的打击，就承受不住放弃了，他也就因此失败了。所谓成功者，就是能够承受N次挫折的人，在N+1次向目标冲击的时候，抓住了机会。

坚持就有希望，就有成功的可能；一旦放弃，所有的努力就都将付诸流水，再美的梦想也会化作泡影。

所以，即使再苦、再难，也要咬紧牙关，坚持下去。

12. 做真正的强者

什么是真正的强者？是那种外表强悍，但被打倒之后就站不起来的人吗？显然不是。

一位父亲很为他的孩子苦恼，因为他的儿子已经十五六岁了，可是一点儿男子汉气概都没有。于是，父亲去拜访一位禅师，请他训练自己的孩子。

禅师说："你把孩子留在我这边，3 个月以后，我一定可以把他训练成真正的男人。不过，这3 个月里面，你不可以来看他。"

父亲同意了。

3 个月后，父亲来接孩子。禅师安排孩子和一个空手道教练进行一场比赛，以展示这 3 个月的训练成果。

教练一出手，孩子便应声倒地。他站起来继续迎接挑战，但马上又被打倒，他就又站起来……就这样来来回回一共 16 次。

禅师问父亲："你觉得你孩子的表现够不够男子汉气概?"

父亲说："我简直羞愧死了！想不到我送他来这里受训 3 个月，看到的结果是他这么不经打，被人一打就倒。"

禅师说："我很遗憾你只看到表面的胜负。你有没有看到你儿子那种倒下去立刻又站起来的勇气和毅力呢？这才是真正的男子汉气概啊!"

可见，真正的强者，具备倒下去立刻又站起来的勇气和毅力，具备坚韧不拔的精神，也就是具有一颗百折不挠的坚强的心。

在学习之余，参加各种体育锻炼，让身体变得更

加强壮固然重要，但更重要的是要让心变得坚强起来。

无论遇到什么样的挫折，只要跌倒了就勇敢站起来，你的心就会渐渐变得坚如磐石，强若钢铁。

13. 比金子还贵重的是信念

比金子还贵重的是什么？是坚定不移的信念。

在非洲一片茂密的丛林里走着四个皮包骨头的男子，他们扛着一只沉重的箱子，在茂密的丛林里踉踉跄跄地向前走。

这四个人是：巴里、麦克里斯、约翰斯、吉姆，他们是跟随队长马克格夫进入丛林探险的。马克格夫曾答应给他们优厚的工资，但是，在任务即将完成的时候，马克格夫不幸得了病而长眠在丛林中。

这个箱子是马克格夫临死前亲手制作的。他十分诚恳地对四人说道：“我要你们向我保证，一步也不离开这只箱子。如果你们把箱子送到我朋友麦克唐纳教授手里，你们将分得比金子还要贵重的东西。我想你们会送到的，我也向你们保证，比金子还要贵重的东西，你们一定能得到。”

埋葬了马克格夫以后，这四人就上路了。密林的路越来越难走，箱子也越来越沉重，而他们的力气却越来越小了。他们像囚犯一样在泥潭中挣扎着。一切都像在做噩梦，而只有这只箱子是实在的，是这只箱子在撑着他们的身躯！否则他们全都倒下了。他们互相监视着，不准任何人单独乱动这只箱子。在最艰难的时候，他们想到了未来的报酬，当然，是比金子还贵重的东西……

终于有一天，绿色的屏障突然拉开，他们经过千辛万苦终于走出了丛林。四个人急忙找到麦克唐纳教授，迫不及待地问起应得的报酬。教授似乎没听懂，只是无可奈何地把手一摊，说道："我是一无所有啊，噢，或许箱子里有什么宝贝吧。"于是当着四个人的面，教授打开了箱子，大家一看都傻了眼，箱子里竟是满满一堆无用的木头！

"这开的是什么玩笑？"约翰斯说。

"屁钱都不值，我早就看出那家伙有神经病！"吉姆吼道。

"比金子还贵重的报酬在哪里？我们上当了！"麦克里斯愤怒地嚷着。

此刻，只有巴里一声不吭，他想起了他们刚走出的密林里，到处是一堆堆探险者的白骨，他想起了如果没有这只箱子，他们四人或许早就倒下去了……巴里站起来，对伙伴们大声说道："你们不要再抱怨了。我们得到了比金子还贵重的东西，那就是生命！"

与其说比金子更贵重的东西是生命，不如说是信念。如果没有坚定的信念支撑着四个探险者走出丛林，把箱子交给教授，那么，他们都将成为丛林里的累累白骨。

信念，是人的精神支柱，无论遇到什么样的困难，只要信念不死，就会源源不断得到动力。

心中有梦，更要有信念，才会梦想成真。

14. 相信自己的意志

一个人最终成就怎样的事业，往往取决于他的意志力。

春秋战国时代，一位父亲和他的儿子出征打仗。父亲已做了将军，儿子还只是马前卒。

一阵号角吹响，战鼓雷鸣，父亲庄严地托起一个箭囊，其中插着一支箭。父亲郑重地对儿子说：“这是家传宝箭，佩戴身边，力量无穷，但千万不可以抽出来。”这是一个极其精美的箭囊，厚牛皮打制，镶着幽幽泛光的铜边儿，再看露出的箭尾，一眼便能认定是用上等的孔雀羽毛制作而成。儿子喜上眉梢，想象箭杆、箭头的模样，耳旁仿佛有箭声掠过，敌方的主帅应声落马而毙。

果然，佩戴宝箭的儿子英勇非凡，所向披靡。当鸣金收兵的号角吹响时，儿子再也按捺不住获胜的得意，完全忘记了父亲的叮嘱，强烈的欲望驱使他拔出宝箭，试图看个究竟。他骤然间惊呆了，一支断箭！箭囊里装着一支断箭！

“我一直挎着支断箭打仗呢！”儿子吓出了一身冷汗，意志仿佛顷刻间失去支柱的房子，轰然坍塌。从此儿子与之前判若两人，惨死于乱军之中。

硝烟中，父亲捡起那支断箭，沉重地叹道：“不相信自己的意志，永远也做不成将军。”

可见，意志坚强的人，会对自己充满信心，不管遇到什么样的挫折和困难，都会坚定地朝着目标挺进，不达目的誓不罢休。而意志软弱的人，在挫折和困难的打击下，意志便会轰然倒塌。

诚然，在实现目标的过程中，因为这样那样的原因，你难免会在一段时期陷入心理的低潮。这是对你的一个考验。一旦对自己失去信心，不再相信自己的意志，就等于宣告半途而废。相信自己的意志，你一定会成为将军。

15. 自信释放潜能

中国移动有句广告词：“我能！”然而，现实生活中总有些人不够自信，认为自己无论怎样努力也不会优秀，也不会出类拔萃。

1960 年，哈佛大学的罗森塔尔博士曾在加州一所学校做过一个著名的实验。

新学年开始时，罗森塔尔博士让校长把 3 位教师叫进办公室，对他们说："根据你们过去的教学表现，我认为你们是本校最优秀的老师。因此，我们特意挑选了 100 名全校最聪明的学生组成 3 个班让你们教。这些学生的智商比其他孩子都高，希望你们能让他们取得更好的成绩。"

3 位老师都高兴地表示一定尽力。校长又叮嘱他们，对待这些孩子，要像平常一样，不要让孩子或孩子的家长知道他们是被特意挑选出来的。老师们都答应了。

1 年之后，这 3 个班的学生成绩果然排在整个学区的前列。这时，校长告诉了老师们真相：这些学生并不是刻意选出的最优秀的学生，只不过是随机抽调的最普通的学生。老师们没想到会是这样，都认为自己的教学水平确实高。这时校长又告诉了他们另一个真相，那就是，他们也不是被特意挑选出的全校最优秀的教师，也不过是随机抽调的普通老师罢了。

可见，每个人都是一座宝藏，自信是打开宝藏的金钥匙。

像实验中的 3 位老师一样（他们自认为是学校最优秀的老师，又教着学校最聪明的学生，学生们取得优异的成绩就是理所当然的了），你认为自己能够做到，你才会做到。只有自信，你的潜能才会源源不断地释放出来，才会做到最好。

总是认为自己不行的人，并不是你真的不行，而是你身体的宝藏没有打开，潜能没有释放出来。那你何不用自信这把金钥匙打开身体的宝藏呢？

16. 上善若水

《红楼梦》里有一句话："男人是泥做的，女人是水做的。"这里意指"水"性柔弱。但"水"的性格真的仅仅如此吗？

《道德经》里说："上善若水。水善利万物而不争。处众人之所恶，故几于道。居善地，心善渊，与善仁，言善信，正善治，事善能，动善时。夫唯不争，故无尤。"老子认为，有道德的上善之人，有像水一样的柔性。水的柔性是怎样的呢？水性柔顺，明能照物，滋养万物而不与万物相争，有功于万物而又甘心屈尊于万物之下。正因为这样，有道德的人，效法水的柔性，温良谦让，广泛施恩却不奢望报答。

老子弘扬水的精神，其实是在宣扬一种处世哲学：做人要像水一样，有极大的可塑性。水性柔而能变形——在海洋中是海洋之形，在江河中是江河之形，在杯盆中是杯盆之形，在瓶罐中是瓶罐之形。

所以，做人应该具有水的柔性。不但温良谦让，更要有极大的可塑性，处于什么样的环境，就要摆出什么样的姿态。也就是说，要有积极适应环境的能力。

从中学进入大学，从大学进入社会，刚开始总会有不适应的地方，这是正常的。积极融入到新的环境中去是你根本的出路。如果你抱着过去的生活方式和观点不放，你可能就会处处碰壁，并很容易陷入自闭状态。这对你的成长是极为不利的。

像水一样，哪里都会有你充满活力的身影。

17. 勇于改变生活

胡萝卜、鸡蛋、咖啡，这三样东西有不同的自然特性。如果要你选择，你愿意做什么？

一个女儿对父亲抱怨她的生活，抱怨事事都那么艰难。她不知该如何应付，想要自暴自弃了。她已厌倦抗争和奋斗，好像一个问题刚解决，新的问题就又出现了。

她的父亲是位厨师，他把她带进厨房。他先往三只锅里倒入一些水，然后把它们放在旺火上烧。不久锅里的水烧开了。他往一只锅里放些胡萝卜，第二只锅里放入鸡蛋，最后一只锅里放入碾成粉末

状的咖啡豆。他将它们浸入开水中煮，一句话也没有说。

女儿咂咂嘴，不耐烦地等待着，不明白父亲在做什么。大约20分钟后，他把火关了，把胡萝卜捞出来放入一个碗内，把鸡蛋捞出来放入另一个碗内，然后又把咖啡舀到一个杯子里。做完这些后，他才转过身问女儿：“亲爱的，你看见什么了？”

“胡萝卜、鸡蛋、咖啡。”她回答。

他让她靠近些并让她用手摸摸胡萝卜。她摸了摸，注意到它们变软了。父亲又让女儿拿一只鸡蛋并打破它。将壳剥掉后，她看到的是只煮熟的鸡蛋。最后，他让她喝了咖啡。品尝到香浓的咖啡，女儿笑了。她怯生生地问道：“父亲，这意味着什么？”

他解释说，这三样东西面临同样的逆境——煮沸的开水，但其反应各不相同。胡萝卜入锅之前是强壮的，结实的，毫不示弱，但进入开水之后，它变软了，变弱了。鸡蛋原来是易碎的，它薄薄的外壳保护着它呈液体的内脏，但是经开水一煮，它的内脏变硬了。而粉状咖啡豆则很独特，进入沸水之后，它们倒改变了水。

“哪个是你呢？”他问女儿，“当逆境找上门来时，你该如何反应？你是胡萝卜，是鸡蛋，还是咖啡豆？”

读完这个故事，你不妨扪心自问，你是胡萝卜，是鸡蛋，还是咖啡豆？

像胡萝卜的人，本身是刚强的，但在压力之下变软了；像鸡蛋的人，看似一副弱不禁风的样子，经过磨炼之后变得坚强了；像咖啡豆的人，不仅适应了生活，而且还改变了生活。

自然，做咖啡豆，才是你的最佳选择。

让生活变得香气浓郁，更加美好，首先要顶住压力，适应生活，这是改变生活的前提。适应了生活，然后，用你的双手，用你的聪明才智，改变你能改变的，建设美好的未来。

18. 心静方明

如果要你去寻找一块掉在谷仓里的怀表，你会怎样寻找?

一个城市里的有钱人，到乡下收田租，到了佃农的谷仓，有钱人东看看，西看看，不知何时把心爱的怀表弄丢了。有钱人心急如焚，佃农也不知如何是好，只好去把村里所有人喊来搜找怀表。翻遍谷仓，但是怀表依然不见踪影。

天色渐渐晚了，有钱人一脸失望的神情，村里的人也一个个回家去了，但是有个人留了下来。“我有把握找到你心爱的怀表。”这人告诉有钱人，信心十足。

“好吧！那就麻烦你，找到了我会奖赏你的。”

只见这个人再走进谷仓，找定位置后，静静地坐了下来。一切都安静了，悄然无声，但是有个小小的声音从谷仓的右后方角落传来。

“滴答，滴答，滴答……”

这人像猫一样，轻轻地踏着几乎无声的脚步，循声走向右后方角落。到了附近，这人伏下身来，耳朵贴地，在一堆稻草中找到了怀表。他走出谷仓，露出得意的微笑，朝有钱人走去。

那个找到怀表的人，方法其实很简单：首先让自己的心安静下来，等周围的一切都静下来，怀表细小的声音自然会传出来。

生活和学习中，如果总是内心浮躁，就永远找不到那只怀表——对生活和学习有启迪和帮助的东西——一种方法，或者一点智慧。

所以，要使自己安静下来，一天之中，找一段时间让自己保持安静的心境，反思自己的生活和学习。这时，很多平时很难察觉的东西会蓦然涌现在脑海里。哪些值得发扬，哪些要改正，此时会逐渐明确。

自省，是一种可贵的品质。养成自省的习惯，你将受益终生。

19. 自尊才能自强

自尊是一种可贵的品质，是人格的脊梁。自尊，更是一种动力，是建功立业的催化剂。

1986 年年底，吴鹰终于通过努力进了著名的贝尔实验室。在那里上的一堂课，让他毕生难以忘记，甚至直接改变了他今后的人生抉择。

一次，中国大陆的一个电信代表团来访问实验室，吴鹰也参加了接待工作。

参观结束，双方坐在一起交流起来，气氛非常融洽。这时候，中方代表团一位成员提出了一个很专业的技术问题。接待人员的脸色变了，马马虎虎地应付了几句，故意答非所问。吴鹰按捺不住了，他不愿让别人糊弄自己的同胞。他正要回答代表团的提问，这时，他的上司突然站了起来，走到他的身边，说："吴，你的工作已经完成，现在可以回去了。"

所有人都深感意外，屋内的空气顿时凝固了。上司竟是如此不留情面地赶他出去，吴鹰脸上挂不住了。在通讯领域，贝尔实验室领导着世界潮流，正因为如此，对中国的技术交流和出口受到多方限制。这一点，吴鹰早有耳闻，可他万万没料到，自己会这么快亲历这种尴尬！在上司彬彬有礼的催促声中，在其他同事的冷漠表情中，在中方代表团成员复杂的目光中，吴鹰无奈地站起身，头也不回地离开了……代表团回国了，上司没有对吴鹰做任何解释，他根本没有把吴鹰的感受放在眼里。愤怒之余，吴鹰猛然醒悟：中国人必须要自强，一定要有真正属于自己的、并且领先世界的东西，这样别人才能真正看得起你。于是，1995 年 UTstarcom（UT 斯达康）公司成立了，吴鹰出任 UTstarcom 中国有限公司总裁和美国 UTstarcom 副董事长。公司总部设在美国硅谷，但将公司的主要业务放在了中国。

2000 年 3 月 3 日，UTstarcom 被推选为几家上市公司的代表，出现在纳斯达克交易所 5 层大楼外的大幅显示屏上，这是在纳斯达克亮相的首家由中国海外学子创办的通讯公司。

可见，自尊的人，会敏感地感受到别人对自己的侮辱或歧视，会通过自强来证明自己，予以反击。而自尊心淡薄的人，则麻木不仁，甚至以耻为荣。

做一个有尊严的人，就必须要自强。

20. 人不可有傲气

人在取得成绩，或者处于一种优越地位的时候，很容易骄傲自满，进而自高自大。这样做的后果是，失去了前进的动力，学习工作止步不前，还“一叶障目，不见泰山”，唯我独尊，引起大家的反感，遭到冷落和疏远。

一个状元及第，骑着高头大马来见先生。先生躲了起来，不见他，出了一句上联“新笋过老竹，气压先生”，让状元对上才能见他。状元回家后，换上布衣布鞋来见先生，对了下联“旧莲种新莲，包含小子”，终于见到了先生。

真正有品位的人，无论取得什么样的成就，也会用一颗平常心去看待，并且再接再厉，努力做到最好。

无论做人，还是做事，人都不可有傲气，这样才能成为一个值得大家敬仰的人，一个事业有成的人。

21. 诚信是你最好的名片

诚实守信，才会取得他人信任。这个道理并不深奥。

1968 年，日本麦当劳社社长藤田田跟美国油料公司签订了供应餐具刀叉 300 万套的合同。交货日期为

同年8月1日，交货地点在美国芝加哥。

藤田田组织了几家工厂生产这批刀叉，因为工厂一再误工，到7月27日才完工。因为路途遥远，如果从东京海运到美国芝加哥，8月1日无法交货；若空运，就会损失一大笔利润。

这时藤田田面对的，一边是损失的利润，一边是看不见摸不着的信用。思量再三，藤田田毅然租用航空公司的波音707飞机运输，花费了30万美元的运费，及时将货物运到。

这次藤田田损失很大，但赢得了美国油料公司的信任。在以后的几年里，美国油料公司不断向日本麦当劳社订制大量的餐具，藤田田也因此赢得了丰厚的利润。

在这个越来越商业化的社会里，人与人之间的信任度越来越低，能够赢得他人的信任，不再是一件简单的事情。但当你一贯诚实守信，取信于人似乎又显得非常简单。

一个人，应当一诺千金，说到就要做到。即使你巧舌如簧，骗人也只能骗得了一时，而一旦败露，众人都会对你避之不及。唯有诚实守信，才能赢得他人长远的信任。

用你的实际行动，在你的名片上写上“诚信”两个字吧。

22. 人不可以没有责任心

社会学家戴维斯说过："放弃了自己对社会的责任，就意味着放弃了自身在这个社会中更好地生存的机会。"

有一位年轻护士，第一次走进手术室担任责任护士。要开始缝合了，她对外科大夫说："大夫，你取出了 11 块纱布，可我们用了 12 块。"

"我已经都取出来了。"外科大夫断言，"我们现在就开始缝合伤口。"

"不行！"年轻护士阻止说，"我们用了 12 块。"

"由我负责好了。"大夫严厉地说，"缝合！"

年轻护士激烈地抗议说："你不能这样做，我们要为病人负责！"

大夫微微一笑，举起他的手让年轻护士看了看第 12 块纱布，然后称赞说："你是一位合格的护士。"显然他是在考验年轻护士是否具备强烈的责任感。

人只要生活在这个社会上，就负有不可推卸的责任。无论是对自己，对家庭，还是对社会，都负有一份沉甸甸的责任。

比尔·盖茨说过："人可以不伟大，但不可以没有责任心。”

进入大学，你的责任就是好好学习，全面提升自己的素质，为将来走上社会开创一番事业打好基础。这首先是对自己负责，你会因此而活得精彩；其次是对家庭负责，父母会因你而感到开心和满足。

别忘记自己的责任，勇于承担起自己的责任，你才会学有所成，事业成功！

23. 勇于自我检错

当出现问题的时候，人在潜意识的驱使下总是爱为自己推卸责任。这是人的天性。但如果任其发展，人就会养成寻找借口的习惯。

有一位在法国读书的中国留学生，某天晚上赶到地铁站时，见车已进站，他急忙在打票机上打了票，并且清楚地听到了“咔嚓”一声。车到终点站时遇上查票员，他取出票来顿时傻了眼，刚才那台打票机并没有在他的车票上留下任何印记。查票员不容辩解便将他以逃票处置，罚款 150 法郎。他大喊冤枉，因为他确实打了票，一定是打票机出了故障。可是查票员对他说：“打票机坏了是车站的责任，但您该问问自己有没有责任。因为站台上有 4 台打票机，而另外 3 台是正常的。当时您完全可以避免这个错误，但是现在您必须为这个小小的错误付出代价——罚款。”

这位中国留学生后来又遇到了一件小事，他这才知道法国人的这一自我检错习惯是从小培养起来的。有一回他去朋友家做客，吃饭时朋友 8 岁的孩子用一小块面包逗小狗玩，狗跳起来撞翻了他手中的盘子，盘子碎成了几块。男孩对父母说：“你们看见了，是小狗打碎了盘子，不是我的错。”父亲叫男孩离开餐桌到他自己的房间里去，想想自己究竟有没有错。

十几分钟后，男孩走出房间说：“小狗有错，我也有错，我不该在吃饭时逗狗，这是你们多次对我说过的。”父亲笑着说：“那么今天你就该为自己的错承担责任，收拾餐桌，并拿出零用钱赔这只盘子。”男孩同意了。

可见，根治寻找借口推卸责任这种不良习惯的方法，就是养成自我检错的习惯，对于自己的责任要勇敢地承担起来。

别以为认错是很没面子的事，甚至会为自己留下话柄。恰恰相反，勇于认错才会赢得别人的谅解和尊重。

24. 任何时候都不要抱怨

抱怨无非是发泄自己的不满情绪，以期现实发生

改变，可既然已成事实，抱怨又有什么用呢？

抱怨不但改变不了过去的事情，而且还会产生极大的负面作用，影响跟周围人的团结；把抱怨的情绪传染给他人，还会让大家不自觉地陷入互相指责之中。

一对夫妇非常恩爱，遗憾的是一直没有孩子。在婚后的第 11 个年头，他们终于生了一个男孩，男孩自然成了两个人的宝贝。

一天，丈夫在出门上班之际，看到桌上有一个药瓶打开了，不过因为赶时间，他只跟妻子说了声“把药瓶收好”，然后就上班去了。妻子在厨房忙得团团转，很快就忘了丈夫的叮嘱。两岁的孩子拿起药瓶，觉得好奇，又被药水的颜色所吸引，于是放到嘴里喝了个干净。药水的药力很厉害，即使成人服用也只能服少量。男孩被送到医院后，抢救无效死亡。妻子被事实吓呆了，不知如何面对丈夫。紧张的丈夫赶到医院，得知噩耗后非常伤心，他看着儿子的尸体，又望了妻子一眼，然后说了一句话，令周围的人无不为之动容。

这句话是：I love you，darling（我爱你，宝贝）.

可见，与其抱怨，不如静下来想想事情该怎样弥补，或总结一下经验，以便以后做得更好。

当然，有可能你是无辜的，但这也不应成为你抱怨的理由。如果本身你并没有错，你的抱怨反而会让人对你产生“此地无银三百两”的判断，认为你似乎也该承担责任。

所以，任何时候都不要抱怨。

25. 生气是对自己的惩罚

你经常生气吗？还是心胸豁达，一切释然？

古时有一个妇人，常常为一些琐碎的小事生气。她也知道自己这样不好，便去求一位高僧为自己谈禅说道，开阔心胸。

高僧听了她的讲述，一言不发地把她领到一座禅房中，落锁而去。

妇人气得跳脚大骂。骂了许久，高僧也不理会。妇人又开始哀求，高僧仍置若罔闻。妇人终于沉默了。高僧来到门外，问她："你还生气吗？"

妇人说："我只生我自己的气，我怎么会到这地方来受这份罪。"

"连自己都不原谅的人怎么能心如止水？"高僧拂袖而去。

过了一会儿，高僧又问她："还生气吗？"

"不生气了。"妇人说。

"为什么？"

"气也没有办法呀。"

"你的气并未消逝，还压在心里，爆发后将会更

加剧烈。”高僧又离开了。

高僧第三次来到门前，妇人告诉他：“我不生气了，因为不值得气。”

“还知道值不值得，可见心中还有衡量，还是有气根。”高僧笑道。

当高僧的身影迎着夕阳立在门外时，妇人问高僧：“大师，什么是气?”

高僧将手中的茶水倾洒于地。妇人视之良久，顿悟。叩谢而去。

可见，气是别人吐出而你却接到口里的那种东西，你吞下便会反胃，吐出去便消散了。

气是用别人的过错来惩罚自己的蠢行，也许别人正为此偷着乐呢。

说到底，生气是自己气自己。除了让自己的身体和心灵受到伤害，别无益处。

你还生气吗?

26. 既成的事实不会另有他样

荷兰首都阿姆斯特丹有一家 15 世纪的老教堂，它的废墟上留有一行字：事情既然已经这样，就不会另有他样。

在著名的成功学大师拿破仑·希尔还是一个小孩的时候，有一天，他和几个小朋友在一间木屋的阁楼上玩耍。他从阁楼上往下走的时候，先在窗栏上站了一会儿，然后往下跳，结果他左手指上的戒指勾住了一颗钉子，把他整根手指拉脱了下来。

他吓坏了，尖声大叫起来。当时他以为自己会死掉，可是他的手好了之后，他就再也没为失去手指烦恼过。因为他明白，再烦恼又有什么用呢？所以他接受了这个事实。

长大之后，他就几乎不再去想——他的左手只有四个手指。

有一次，他在办公楼里碰见一个开货梯的人。那人的左手被齐腕砍断了。他问那人少了一只手会不会觉得难过，那人回答说："不会。我根本就不会想到它。只有在要穿针的时候，我才会想起这件事来。"

无论在生活还是学习中，你都可能会遇到一些事情使你受到伤害，或者感到不快，即使你为此耿耿于怀，事情也依然无法改变。也就是说，既然已经这样，就不会另有他样。你应该做的，就是忘记该忘记的，接受不能改变的。

27. 只看你所有的

很多人喜欢跟他人比较，如比较家庭贫富、比较学习好坏，如果自己处于劣势，就抱怨、就郁闷。这样的人肯定没读过黄美廉的故事。

她站在台上，不时不规律地挥舞着双手；仰着头，脖子伸得好长好长，与她尖尖的下巴扯成一条直线；她的嘴张着，眼睛眯成一条线，诡谲地看着台下的学生；偶尔她口中也会咿咿唔唔的，不知在说些什么。基本上她是一个不会说话的人，但是，她的听力很好，只要对方猜中，或说出她的意见，她就会乐得大叫一声，伸出右手，用两个指头指着你，或者拍着手，歪歪斜斜地向你走来，送给你一张用她的画制作的明信片。

她叫黄美廉，一位自小就患上脑性麻痹的病人。脑性麻痹夺去了她肢体的平衡感，也夺走了她发声讲话的能力。从小她就有诸多肢体不便，活在众人异样的目光中——她的成长充满了血泪。然而她没有让这些外在的痛苦击败她内在的奋斗精神。她昂然面对，迎难而上，终于获得了加州大学艺术博士学位。她用她的手当画笔，以色彩告诉人“寰宇之力与美”，并且灿烂地“活出生命的色彩”。全场的学生都被她不能控制自如的肢体动作震慑住了。这是一场倾倒生命、与生命相遇的演讲会。

“请问黄博士，”一个学生小声问，“你从小就长成这个样子，请问你怎么看你自己？你就没有怨恨吗？”

气氛顿时紧张起来。在大庭广众之下问这个问题，太敏感了，大家都担心黄美廉会受不了。

“我怎么看自己?”黄美廉用粉笔在黑板上重重地写下这几个字。她停下笔来，歪着头，回头看着发问的同学，然后嫣然一笑，回过头去，在黑板上龙飞凤舞地写了起来：

一、我好可爱！

二、我的腿很长很美！

三、爸爸妈妈这么爱我！

四、上帝这么爱我！

五、我会画画！我会写稿！

六、我有只可爱的猫！

七、……

忽然，教室内鸦雀无声，没有人敢讲话。她回过头来看看大家，再回过头去，在黑板上写下了她的结论：“我只看我所有的，不看我所没有的。”

掌声从人群中响起。黄美廉倾斜着身子站在台上，满足的笑容从她的嘴角荡漾开来，仿佛有一种永远也不会被击败的傲然写在她脸上。

黄美廉真的太伟大了！她以一具残疾之躯取得了让人敬佩的成绩，这与她积极的心态密不可分。

“我只看我所有的，不看我所没有的。”——这句话出自一个残疾人之口，更加让人敬佩。

如果你是一个健全人，却荒废学业，游戏人生，看看黄美廉，你不感到惭愧吗？如果你也遭遇这样那样的不幸，却以此作为消极对待人生的资本，看看黄美廉，你还抬得起头来吗？

只看你所有的，不看你没有的，你就是不可战胜的。

28. 要想取之必先予之

获得是以付出为代价的，这是一个非常简单的道理。

有一个人在沙漠行走了两天，途中遇到了沙尘暴。一阵狂沙吹过之后，他已分辨不出正确的方向。快要撑不住时，他突然发现了一幢废弃的小屋。他拖着疲惫的身子走进了屋内。这是一间不通风的小屋子，里面堆了一些枯朽的木材。他几近绝望地走到屋角，却意外地发现了一台抽水机。

他兴奋地上前汲水，可是，任凭他怎么抽水，也抽不出半滴来。他颓然坐地，却看见抽水机旁，有一个用软木塞堵住瓶口的小瓶子，瓶上贴了一张泛黄的纸条，纸条上写着：你必须用水灌入抽水机才能引水！不要忘了，在你离开前，请再将水装满！他拔开瓶塞，发现瓶子里，果然装满了水！

他的内心此时剧烈地斗争着……

如果自私点，只要将瓶子里的水喝掉，他就不会渴死，就能活着走出这间屋子！

如果照纸条做，把瓶子里唯一的一点儿水倒入抽水机内，万一水一去不回，他就会渴死在这地方了——到底要不要冒险?

最后，他决定把瓶子里唯一的那点儿水，全部灌入看起来破旧不堪的抽水机里。

他以颤抖的手汲水，水真的大量涌了出来!

他喝足水后，把瓶子装满水，用软木塞封好，然后在原来那张纸条后面，加上他自己的话：相信我，真的有用。

就像先向抽水机里灌水才能汲出水来一样，要想以优异的成绩毕业，就得努力学习；要想在社会上事业有成，就得先在大学里打好基础。不劳而获，或者靠运气获得成功，都是不现实的。

一滴汗水，一粒收成；一份耕耘，一份收获。在取得之前，先想想该怎样付出吧。

29. 给予比接受更快乐

有句话叫：“予人玫瑰，手有余香。”去帮助别人时，往往比接受帮助更快乐。

这一年的圣诞节，保罗的哥哥送给他一辆新车作为圣诞节礼物。圣诞节的前一天，保罗从他的办公室

出来时，看到街上一个男孩在他闪亮的新车旁走来走去，不时地触摸它，满脸羡慕的神情。

保罗饶有兴趣地看着这个小男孩，从他的衣着来看，他的家庭显然不属于自己这个阶层。就在这时，小男孩抬起头，问道："先生，这是你的车吗？"

"是啊，"保罗说，"我哥哥给我的圣诞节礼物。"

小男孩睁大了眼睛："你是说，这是你哥哥给你的，而你不用花一分钱？"

保罗点点头。小男孩情不自禁地说道："哇！我希望……"

保罗认为小男孩希望也有一个这样的哥哥。但小男孩说出的却是："我希望自己也能当这样的哥哥。"

保罗深受感动地看着这个男孩，问："要不要坐我的新车去兜风？"

小男孩惊喜万分地答应了。

逛了一会儿之后，小男孩转身对保罗说："先生，能不能麻烦你把车开到我家前面？"

保罗微微一笑，他理解小男孩的想法，坐一辆大而漂亮的车子回家，在小朋友面前是件很神气的事儿。但他又想错了。

"麻烦你停在台阶那里，等我一下好吗？"

小男孩跳下车，三步两步跑上台阶，进入屋内。不一会儿他出来了，并带着一个显然是他弟弟的小男孩，这个小男孩因患小儿麻痹症而跛着一只脚。他把弟弟安置在下边的台阶上，紧靠着坐下，然后指着保罗的车子说：

"看见了吗，就像我在楼上跟你说的一样，很漂亮对不对？这是他哥哥送给他的圣诞礼物，他不用花一分钱！将来有一天我也要送给你一部这样的车子，这样你就可以看到我一直跟你讲的橱窗里那些好看的圣诞礼物了。"

保罗的眼睛湿润了，他走下车子，将小弟弟抱到车子前排的座位上。他的哥哥眼睛里闪着喜悦的光芒，也爬了上来。于是三人开始了一次令人难忘的节日之旅。

在这个圣诞节，保罗明白了一个道理：给予真的比接受更令人快乐。

如果你认为，衣来伸手、饭来张口的生活是很幸福的，那么读完这个故事，可能就不会这样认为了。

如果再试着做这样几件事：

用课余时间打工挣的钱给妈妈买一件毛衣，给爸爸买一瓶喜欢的酒；

从精神上，或者从物质上，力所能及地帮助需要帮助的同学；

用所学知识开创一份事业，回报曾经帮助过你的人；

……

你就会体会到：给予比接受更快乐。

30. 乐观者向上

生活就像一面镜子，你对它哭，它就对你哭，你对它笑，它就对你笑。

父亲欲对一对孪生兄弟作“性格改造”，因为其中一个过分乐观，而另一个则过分悲观。

一天，他买了许多色彩鲜艳的新玩具给悲观的孩子，又把乐观的孩子送进了一间堆满马粪的车房里。

第二天清晨，父亲看到悲观的孩子正泣不成声，便问：“为什么不玩那些玩具呢?”

“玩了就会坏的。”孩子仍在哭泣。

父亲叹了口气，走进车房，却发现那乐观的孩子正兴高采烈地在马粪里掏着什么。

“告诉你，爸爸。”那孩子得意洋洋地向父亲宣称，“我想马粪堆里一定还藏着一匹小马呢!”

乐观的人，就是总对着镜子笑的人；悲观的人，就是总对着镜子哭的人。

乐观的人，即使面对不利的局势，他看到的仍是希望，因此他会对自己充满信心，精神抖擞地继续学习和做事；悲观的人，即使处于一个对自己有利的环境里，也总是担心种种对自己不利的情况会发生，因此犹豫不决，无所事事。

想让自己的生活里开满鲜花，那就做一个乐观的人吧。

31. 快乐需要自己创造

有的人不快乐，抱怨是学习和生活压力过大所致。如果你总是抱着这样的态度，那你永远不会快乐。因为我们正处在一个充满变革的时代，教育、就业等压力纷至沓来，竞争使得人像上紧发条的钟似的，不停地奋斗。

西雅图有个闻名世界的派克鱼摊。

派克市场乍看上去与一般开放式的传统市场差不多，既感觉不出它有近百年的历史，也看不出什么特别之处。不过，很快你就会看见在市场的尽头聚集了一群人，老远就可以听到那里传来的喧哗声。走过去，就会发现大家像是看街头表演似的，一圈又一圈地围着几个穿着亮橘色塑胶背带裤的年轻小伙子看。其中一个戴着毛线帽的小伙子从身旁的鱼摊上拿起一条鲑鱼，转身就朝柜台上丢，同时中气十足地快速喊着“鲑鱼飞到威斯康星”。柜台里的人敏捷地伸出右手一把接住了鱼，大声重复“鲑鱼飞到威斯康星”，他刚喊完，鱼就包好了。顾客开心地接过吸引大家目光的“飞鱼”，围观人群一阵欢呼。尽管海风不断地吹过满摊的碎冰块，但这鱼摊总是被人潮与笑声围得暖烘烘的。

派克鱼摊的老板约翰·横山是日裔美国人，25岁时因为鱼摊老板不想经营了，他才顶下鱼摊开始经营。横山并不喜欢卖鱼，他只是想多赚钱。鱼摊经营得不错，他于是在市场另一边开了批发店，但是10个月后，批发生意就垮了，甚至拖得鱼摊也濒临破产。横山就召集鱼摊的伙计开会讨论未来怎样经营鱼摊。一个小伙子提议“做举世闻名的鱼贩”。在实践过程中，他们发现快乐对顾客和自己都很重要，顾客因为快乐而喜欢来鱼摊买鱼，自己快乐则使工作更有效率，于是他们创造了“飞鱼表演”——创造了快乐！

“我们是卖鱼的，但是优先工作不是鱼。”横山说，“我们首要的工作，是要让顾客有美好的一天。”

“因为它让我快乐。”经常光顾鱼摊的科斯特洛简单的一句话就点出了派克鱼摊总是热闹的秘密。科斯特洛是西雅图美国银行的副总裁，不但常来这里买海鲜，还带着银行的经理来鱼摊学习他们愉快而有活力的工作氛围。

快乐使派克鱼摊一举成名。派克鱼摊的故事被拍成教学录像带，翻译成17国语言，成为美国《财富》杂志500强企业的训练教材，同名书籍《如鱼得水》登上畅销书排行榜。而且只要你在鱼摊旁一站，就会发现身旁有明尼苏达、迈阿密甚至日本来的外地游客，举着相机或摄影机，等着与派克鱼摊的“招牌产品”——飞鱼表演合影。

可见，快乐是一种态度。只有你想要快乐，你才会快乐。

快乐不会从天上掉下来，快乐需要自己创造。比如，多想一些令人高兴的事，在床头上贴上一张笑脸，看幽默漫画并尝试着自己画漫画……

快乐还是一种能力。快乐能帮助人提高学习和工作的效率和质量。

32. 点燃自己的热情

爱默生曾经说过：“有史以来，没有任何一项伟大的事业不是因为热情而成功的。”

著名的人寿保险推销员法兰克·派特正是凭借着热情，创造了一个又一个奇迹。

“当时我刚转入职业棒球界不久，就遭到了有生以来最大的打击——我被开除了。因为我的动作无力，所以球队的经理有意要我走人。他对我说：‘你这样慢腾腾的，哪像是在球场混了 20 年。法兰克，离开这里之后，无论你到哪里做任何事，若提不起精神来，你将永远不会有出路。’

“本来我的月薪是175美元，离开之后，我参加了亚特兰斯克球队，月薪减为25美元。薪水这么少，我做事当然没有热情，但我决心努力试一试。待了大约10天之后，一位名叫丁尼·密亨的老队员把我介绍到一家新的球队去。在新球队的第一天，我的一生有了一个重大的转变。我想成为英格兰最具热情的球员，并且做到了。

“这种热情所带来的结果让我吃惊，我的球技出乎意料地好。同时，由于我的热情，其他队员也跟着热情起来。另外，在比赛中和比赛后，我感到自己从来没有如此健康过。第二天我读晨报的时候无比兴奋，因为报上说：‘那位新加入进来的球员，无疑是一个霹雳球手，全队的人受他的影响，都充满了活力，他们不但赢了，而且奉献了本赛季最精彩的比赛。’由于对工作和事业的热情，我的月薪由25美元提高到185美元，多了7倍。在后来的两年里，我一直担任三垒手，薪水加到当初的30倍之多。为什么呢？就是因为一股热情，没有别的原因。”

后来，由于手臂受伤，法兰克·派特不得不放弃打棒球。他来到了菲特列人寿保险公司当保险推销员，但整整一年都没有成绩，他因此非常苦恼。后来他像当年打棒球一样，又对工作充满热情，很快就成了人寿保险界的大红人。

可见热情对于一个人的成功起着关键的作用。热情是一股力量，它和信心一起，将逆境和挫折转变为坦途。

对学习和生活充满热情的人，从不会感到枯燥，而会把学习和生活当做一种享受，倾注全部的精力，这样还有什么做不好的呢？

所以，如果你缺乏热情，那就一定动手把热情点燃！

33. 宽容是一种智慧

宽容，显示了一个人胸怀的宽广，大度能容，容天下难容之事。能宽容他人的人，往往是能够成就大事的人。

春秋时期，楚王请了很多臣子们来喝酒吃饭，席间歌舞曼妙，美酒佳肴，烛光摇曳。同时，楚王还命令两位他最宠爱的美人许姬和麦姬轮流向各位敬酒。

忽然一阵狂风刮来，吹灭了所有的蜡烛，厅中漆黑一片，席上一位官员乘机摸了许姬的玉手。许姬一甩手，扯了他的帽带，匆匆回到座位上，并在楚王耳边悄声说："刚才有人乘机调戏我，我扯断了他的帽带，你赶快叫人点起蜡烛来，看谁没有帽带，就知道是谁了。"

楚王听了，连忙命令手下先不要点燃蜡烛，却大声向各位臣子说："今天晚上，我一定要与各位一醉方休，来，大家都把帽子脱了痛饮一场。"

众人都没有戴帽子，也就看不出是谁的帽带断了。后来楚王攻打郑国，有一健将独自率领几百人，为三军开路，斩将过关，直逼郑国的首都，此人就是当年摸许姬手的那一位。他因楚王施恩于他，而发誓毕生效忠于楚王。

无论在学习还是生活中，你的同学和朋友，或者不熟识的人，都难免有做出对不起你的事情的时候，如果你能宽容地对待他们，他们一定会感激你，甚至回报你，你们的关系也会更加亲密。

相反，如果你跟对方剑拔弩张，甚至大动干戈，你们之间就会产生一道难以跨跃的鸿沟，甚至因此成为敌人。

学着宽容地对待一切吧。宽容既是一种智慧，也是一种能力。

34. 感恩是一种美德

感恩是我们中华民族的传统美德，自古就有"滴水之恩当涌泉相报"、"谁言寸草心，报得三春晖"等来说明感恩的重要。

长江大厦是李嘉诚拥有的第一幢工业大厦，是他赢得“塑胶花大王”称号的老根据地。在他从地产和股市赢得更大的成功后，人们都以为他早已放弃了塑胶业。

一次，香江才女林燕妮准备开办广告公司，四处寻找办公地点，跑到长江大厦看楼时，发现李嘉诚竟然还在生产塑胶花，不禁暗暗惊讶，且大惑不解。

众所周知，这时的塑胶花早过了黄金时代，根本无钱可赚。长江实业此时赢利已十分可观，就算塑胶花有微薄小利，对长江实业来说，增之不见多，减之不见少，并没有什么大的关系。

林燕妮思考再三，终于明白了李嘉诚的用心——照顾老员工，给他们一点生计。

后来长江大厦租出后，塑胶花厂停工了，老员工仍被安排在大厦里干管理事宜。

有人问李嘉诚为什么还背着老员工这个包袱。李嘉诚说：“一个企业就像一个家庭，他们是企业的功臣，理应得到这样的待遇。现在他们老了，作为晚辈，我们就该负起照顾他们的责任。”

那人赞叹道：“李先生的精神确实难能可贵，在当今香港，不少老板等员工老了就一脚踢开，你却不同。这批员工过去靠你的厂生活，现在厂没了，你仍把他们包下来。”

李嘉诚急忙解释道：“千万不能这么说，老板养活员工，是旧式老板的观点。现代企业的观念应该是员工养活老板、养活公司。”

感恩，并不能停留在对别人的帮助表示感激的层面上。懂得感恩的人，会把感恩当做一种动力，努力奋斗，以期将来予以报答。

永远不要忘了帮助你的人，即使他给予你的是微薄的帮助。即使他们对你的帮助小于你的预期，也要知恩图报。

35. 遇事拿得起放得下

有的人做事前犹豫不决，做完后还思前想后，结果常常事情做不好，还背上了包袱。

老和尚携小和尚游方，途遇一条河，见一女子正想过河，却又不敢过。老和尚便主动背该女子过了河，然后放下女子，与小和尚继续赶路。小和尚不禁一路嘀咕：师父怎么了？竟敢背一女子过河？一路走，一路想，最后终于忍不住了，说：“师父，你犯戒了！怎么背了女人？”老和尚叹道：“我早已放下，你却还放不下！”

可见，遇事拿得起、放得下，才是洒脱而健康的生活态度。

在学习和生活中，你可能跟他人发生冲突，你也可能因为恋爱受到伤害，如果事情过去了，你仍然陷在里面，必然影响你的学习和生活。你应该快刀斩乱麻，忘记过去，面向未来。

遇事拿得起、放得下，你才会轻装前进。

36. “这都会过去”

你是一个喜欢怀旧的人吗？你是沉浸在过去的那点幸福里沾沾自喜，还是沉浸在伤心事里不能自拔？

伟大的所罗门王有一天晚上做了一个梦，梦里一位智者告诉他一句至理名言，这句名言涵盖了人类的所有智慧，能使人在得意的时候不会趾高气扬，忘乎所以；失意的时候能够百折不挠，奋发图强，始终勤勤恳恳，兢兢业业。

但是，所罗门王醒来之后却怎么也想不起那句话了。于是，他找来了最有智慧的几位老臣，向他们讲述了那个梦，命令他们把那句至理名言想出来，并拿出一枚大钻戒，说：“如果想出来那句至理名言，就把它镌刻在戒指上。我要把这枚戒指天天戴在手上。”

一个星期过后，几位老臣兴奋地前来送还戒指，戒面上刻着：这都会过去。

可见，不管你获得过什么样的荣耀，那也都是过去；不管你经历过怎样的失败，那也终将成为历史。

所以，你没有必要沉浸在曾经的荣耀里流连忘返，也没有必要沉浸在曾经的失意中不能自拔。你应该面对未来，想想怎样才会做得更好。

不管是荣耀，还是失意，如果老是背在身上，就变成了包袱。放下包袱的唯一方法，就是告别过去。

走进高校，你可以把自己当做一张白纸，重新描绘。走出高校时，丑小鸭也会变成白天鹅。

37. 认识你自己

在智慧女神雅典娜的神庙上刻着一句话：认识你自己。千百年来，这一直是古人向世人提出的最伟大的建议之一。

一只老鹰从鹫峰顶上俯冲下来，将一只小羊抓走了。

一只乌鸦看见了，非常羡慕，心想：要是我也有这样的本领该多好啊！于是乌鸦模仿老鹰的俯冲姿势拼命练习。

一天，乌鸦觉得自己练得很棒了，便哇哇地从树上猛冲下来，扑到一只山羊的背上，想抓住山羊往上飞，可是它的身子太轻，爪子又被羊毛缠住，无论怎样拍打翅膀也飞不起来，结果被牧羊人抓住了。

牧羊人的孩子见了，问这是一只什么鸟。牧羊人

说：“这是一只忘记自己叫什么的鸟。”

有句话说得好：“人贵有自知之明。”然而，这却不是什么人都能做到的。

因为人是一种具有无穷的欲望的动物，欲望太多，有时候就不认识自己了。

认识自己，就是对自己做一个恰如其分的评价。当下能够做什么；不能够做什么；哪些是自己永远不能去做的，哪些是自己通过努力能够做到的。别为了满足虚荣心而盲目跟他人攀比。

第三章
从大学开始理财

“节俭是穷人的财富，富人的智慧。节俭是世上大小所有财富的真正起始点。”

——法国作家大仲马

1. 珍惜每一分钱

节俭并不是丢人的事，法国作家大仲马为此精辟地说道："节俭是穷人的财富，富人的智慧。节俭是世上大小所有财富的真正起始点。"

两个年轻人一同寻找工作，一个是英国人，一个是犹太人。

有一天，他们走在街上，同时看到了一枚硬币躺在地上，英国青年看也不看地走了过去，犹太青年却激动地将它捡起。英国青年对犹太青年的举动露出鄙夷之色：一枚硬币也捡，真没出息！犹太青年望着远去的英国青年心生感慨：让钱白白地从身边溜走，真没出息！

两个人同时走进一家公司。公司很小，工作很累，工资也低，英国青年不屑一顾地走了，而犹太青年却高兴地留了下来。

两年后，两人在街上相遇。此时的犹太青年已成了老板，而英国青年还在寻找工作。

英国青年对此不可理解，说："你这么没出息的人怎么能这么快就发了？"犹太青年说："因为我没有像你那样绅士般地从一枚硬币上迈过去，我会珍惜每一分钱。你连一枚硬币都不要，怎么会发大财呢？”

一角钱是十个一分组成的，一元钱是十个一角组成的，十元钱是十个一元组成的，以次类推，财富是由许许多多一分钱组成的。所以，你没有理由不珍惜每一分钱。

如果你花的钱不是自己的劳动所得，是父母和亲友的血汗钱，你更应该珍惜每一分钱。

花钱不要大手大脚，要花也要花在该花的地方。

2. 节俭创造财富

节俭始终是创造财富的一种方式。

有一位青年在美国某石油公司工作，他所做的工作连小孩都能胜任，就是巡视并确认石油罐的盖子有没有自动焊接好。

石油罐通过输送带移动至旋转台上，焊接剂便自动滴下，沿着盖子回转一周，作业就算结束。他每天如此，反复好几百次地注视着这种作业，感到枯燥无味。他想创业，可又无其他本事。后来，他发现罐子旋转一次，焊接剂滴落 39 滴，焊接工作便结束了。于是他想，在这一连串的工作中，有没有什么可以改善的地方呢？一天，他突然想到：如果能将焊接剂减

少一两滴，是不是能节省点成本？

于是，他经过一番研究，终于研制出“37 滴型”焊接机。但是，利用这种机器焊接出来的石油罐，偶尔会漏油，并不理想。他并不灰心，又研制出“38 滴型”焊接机。这次的发明非常完美，公司对他的评价很高。改用新的焊接方式，虽然节省的只是一滴焊接剂，但“一滴”却给公司每年节省了 5 亿美元的开支。

这位青年，就是后来掌握全美制油业 95% 份额的石油大王——约翰·戴维森·洛克菲勒。

从局部看，你节俭的可能是一点小钱，但积累起来，就是一笔巨大的财富。如果你认为一点小钱不值得节俭，长期下去，你花掉的就是一笔大钱。

洛克菲勒研制“38 滴型”焊接机，对洛克菲勒来讲，它的意义不在于节省了巨额开支，而在于培养起了节俭的精神。这让他受益终生，成为他事业成功的重要手段。

节俭，与你的家庭经济状况无关。如果你没有节俭的精神，那就从大学开始培养吧。

3. 节俭是富人的智慧

一个人非常富有，但非常节俭，你能理解吗？

李嘉诚功成名就后依然保持了节俭的本色。

1995 年 8 月，香港《文汇报》记者采访李嘉诚时，李嘉诚说："就我个人而言，衣食住行都非常简朴、简单，跟三四十年前根本没有什么分别。"

李嘉诚住的房子，仍是 1962 年结婚前购置的深水湾独立洋房，外观不气派，内部也不算豪华，看不到海景。这在刚买时确实挺风光，但现在，李嘉诚作为香港首富，住这样的房子就显得有点寒酸。从 80 年代中期，住在山顶区的部分英国人陆续撤离，腾出的花园洋房，大都为华人富豪买去。人们都说，作为香港顶级富豪，该住进顶级的豪宅区，而李嘉诚却对老房子情有独钟。

李嘉诚常穿黑色西服，不算名牌，也比较陈旧，一套西装穿十年八年是很平常的事；皮鞋坏了，补好了照样穿；手上戴的手表，也是普通的。李嘉诚早年戴的是非常一般的日本精工表，后来电子表流行，他改戴西铁城电子表。当时不论是哪一级富豪，即使是白领阶层，戴一两百万元的瑞士名表的也比比皆是，而李嘉诚的表，是低收入的打工族常戴的。他却不以为手上的表有损其高贵身份，反而引以为自豪，常常把手表展示给外国记者看。有一次，他指着手上戴的西铁城电子表，对来访的客人说："你戴的表要贵重得多，我这个是便宜货，不到 50 美元。"

按理说，以李嘉诚拥有的财富，衣食住行奢侈一些也无妨，但是李嘉诚认为，奢侈的生活会让他忘记勤俭，会贪恋荣华富贵，丧失斗志，这对于做大事来讲有百害而无一利；如果把省下来的钱拿去做公益，会更有利于自己事业的发展。

生活奢侈会丧失斗志，事业会因此而失败；拿省下来的钱去做公益，自然会树立起良好的社会形象，在事业竞争中就会处于有利地位。这真是一种智慧。

有的人之所以大手大脚地花钱，是缺乏这种智慧。他们以为大把花钱才显得富有，才有“派”。但李嘉诚并没有大把花钱，也没有炫富，却被公认为超级富豪，这就是“大智慧”与“小聪明”之间的差距。

4. 要花钱自己挣

人花自己挣的钱，才会心安理得，才会觉得有意义。

“石油大王”洛克菲勒从小家教很严，靠给父亲做“雇工”挣零花钱。他清晨便到田里干农活，有时帮母亲挤牛奶。他有一个专用于记账的小本子，把自己的工作量化后，按每小时 0.37 美元记入账，尔后与父亲结算。这事他做得很认真，感到既神圣又趣味无穷。不仅自己如此，洛克菲勒的第二代、第三代乃至第四代，都严格照此办理，并定期接受检查，否

则，谁也别想得到一分钱的费用。

洛克菲勒这样做并非家中一贫如洗，也不是父母有意苛待孩子，而是为了从小培养孩子勤劳节俭的美德和艰苦自立的品格。那小账本上记载的岂止是孩子打工卖力的流水账，分明是孩子接受磨难和考验的经历！

其实，在不少发达国家，对待在校学习的孩子，要求也是非常苛刻的。在日本，许多学生利用课余时间，在饭店洗碗、端盘子，在商店售货，照顾老人，做家教等，挣钱交学费或零用。美国人一贯教育孩子自主自立，七八岁的小孩就成了“小生意人”，出售他们的“商品”挣钱零用。美国中学生有个口号：“要花钱自己挣”。每逢假期，他们就成了打工族，学习自食其力。

很多中国大学生从小衣来伸手、饭来张口惯了，认为花父母的钱是天经地义的事情。但身为大学生，应该独立面对这个世界。如果花的是父母的血汗钱，能心安理得吗？即使家庭富有，可钱也不是你挣的，花起来能心安理得吗？

“要花钱自己挣”。利用课余时间打工、做家教，都是不错的选择。

5. 花小钱办大事

学会花小钱办大事，以较小的投入获得较大的产出，将来你不富也难。

美国，华尔街，某大银行。

一位提着豪华公文包的犹太老人，来到贷款部前，大模大样地坐了下来。

“请问先生，您有什么事情需要我们效劳吗？”贷款部经理一边小心地询问，一边打量着来人的穿着：名贵的西服，高档的皮鞋，昂贵的手表，还有镶着宝石的领带夹子……

“我想借点钱。”

“完全可以，您想借多少呢？”

“1美元。”

“只借1美元？”贷款部的经理惊愕了。

“我只需要1美元。可以吗？”

“当然，只要有担保，借多少我们都可以照办。”

“好吧。”犹太人从豪华公文包里取出一大堆股票、国债、债券等放在桌上，“用这些做担保可以吗？”

贷款部经理清点了一下，“先生，总共50万美元，做担保足够了，不过先生，您真的只借1美元吗?”

“是的。”犹太老人面无表情地说。

“好吧，到那边办手续吧，年息为6%，只要您付6%的利息，一年后归还，我们就把这些作保的股票和证券还给您……”

“谢谢……”犹太富豪办完手续，准备离去。

一直在一边冷眼旁观的银行行长怎么也弄不明白，一个拥有50万美元的富豪，怎么会跑到银行来借1美元呢?

他从后面追了上去，有些窘迫地说：“对不起，先生，可以问您一个问题吗?”

“你想问什么?”

“我是这家银行的行长，我实在弄不懂，您拥有50万美元的家当，为什么只借1美元呢? 要是您想借40万美元的话，我们也会很乐意为您服务的……”

“好吧，既然你如此热情，我不妨把实情告诉你。我到这儿来，是想办一件事情，可是随身携带的这些票券很碍事，我问过几家金库，要租他们的保险箱租金都很昂贵，我知道银行的保安很好，所以嘛，就将这些东西以担保的形式寄存在贵行了，由你们替我保管，我还有什么不放心呢！况且利息很便宜，存一年才不过6美分……”

1美元，再加上6美分，就把50万美元的家当安全地保管起来，这确实是一种智慧。

自然，这源于节俭的思想，源于如何花小钱办大事的追求。

在生活和学习中，如果花小钱就能把事情办妥了，为何还要大把花钱呢?

这需要你充分认识每分钱的价值和掌握如何利用每分钱的价值。

经常聚众喝酒，互相吹捧，享乐，只求一时的感官满足，是不明智的做法，应该把钱省下来花在更有意义的事情上。

6. “我请你吃饭”

吃饭，是大学费用支出的一种主要形式。

学校食堂里有普通的饭菜，也有“小炒”，两者的消费是有差距的，如果这两样都弃之不顾，经常下馆子，那消费的差距就更大了。

有一次，我跟同事出差到省电视台，住在同事母校的招待所里。到了吃晚饭的时候，同事领我去了学校对面的大排档。这块场地摆了大约几十张桌子，食客爆满，而且几乎全是高校的学生。看着摊主不停地加桌子，看着对面男生女生源源不断地走过来，我和同事边喝边聊。

我问：“你那时也这样?”

同事笑笑默认了：“那时真的很傻。”

“应该是很爽吧?”我看了看身边的一桌，几对男生女生已经落座，男生豪爽地点菜、要酒。

同事老实说：“真的很傻。每次放假回家看到父母节俭的生活，真的无地自容。”

“然而，”我接着说，“回校依然如故。”

同事辩解说：“那时把请客吃饭赋予了太多的意义，为了加深感情，广交朋友。结果，多是些酒肉朋友。”

“我请你吃饭”是很多大学生经常挂在嘴边的一句话。

有时他们会对女朋友说，显得有钱，显得像骑士。恋爱的男生都承认，恋爱导致消费支出加剧是不争的事实。关键是喂饱了胃，能喂饱心吗？多少海誓山盟的大学恋人，毕业后各奔东西，最后也懒得问“谁将你的长发盘起”。

有时他们会对同学说，甚至对陌生人说，显得有“派”，显得像王者。虽然多一个朋友多一条路，但你要信任酒肉朋友，往往会误了大事。真正的友谊不是建立在酒桌上的，喝酒时才想到的朋友称不上朋友。

别把“我请你吃饭”挂在嘴上，除了瘪了钱包鼓了肚皮之外，真的没用。

7. 浪费是可耻的

浪费是可耻的，精神麻木是更可耻的。

2006年3月，武汉科技大学的15名学生组成调查组，调查发现该校新校区的学生食堂，一年倒掉的饭菜价值上百万元。《中国青年报》的报道说，调查者调查时经常听到这样的言论：“花的是我自己的钱，倒掉又没有损害别人的利益”，“现在生活水平提高了，倒点饭菜可以理解，用不着这么斤斤计较”，“我国是农业大国，这点儿粮食算什么”……

而调查组来到国家级贫困县阳新县的新屋村，却有另一番经历。调查组成员问该村13岁的殷晓日：“告诉姐姐，你长大后想做什么？”

殷晓日低下头，沉默了一会儿说：“厨师。”

“为什么想当厨师呢？”

“做菜给妈妈吃。”

“要给妈妈做什么菜？”

殷晓日抬起头，望着蹲在灶前墙角吃饭的妈妈说：“炒白菜！”

“谁知盘中餐，粒粒皆辛苦”，幼儿园里就学了，读大学了又忘了？

花的是你自己的钱？真的是这样吗？即使是你劳动挣的钱，也不应该浪费。

生活水平提高了，倒饭菜就可以理解了？你的生活水平提高了，你可知道我国还有几千万生活在贫困线以下的人？

我国是农业大国，你可知道我国目前每年进口约2000万吨粮食？

打饭菜的时候，能吃多少就打多少。如果家庭真的非常富裕，可以把生活费节约下来，捐助那些食不果腹的人，那样岂不更好。

8. 富有也不该浪费

有人认为，节俭对于穷人来说是必须的，对于富人来说就是小题大做了。他们认为富人大手大脚花钱不是浪费，而是正常的消费。

比尔·盖茨有一次到台湾去演讲，他下飞机后就让随从去下榻的宾馆订了一个价格很便宜的标准间。很多人得知此事后，大惑不解。在比尔·盖茨的演讲会上，有人当面向他提出了这个问题：“您已经是世界上最有钱的人了，为什么要订标准间呢？为什么不住总统套房呢？”

比尔·盖茨回答说：“虽然我明天才离开台湾，

今天要在宾馆里过夜，但我的约会已经排满了，真正能在宾馆的这间房间里所待的时间可能只有两个小时，我又何必浪费钱去订总统套房呢?”

认为“富人就该大手大脚花钱”的人肯定不是富人，顶多也就是小富即安的人，因为世界首富比尔·盖茨认为富人也不该浪费。

浪费并不能证明你富有，因为富有是一个硬性指标，包括银行存款、股票、债券等。

中国的大学生们，有几个凭自己的聪明才智创得了不菲的财富？少，九牛一毛而已。如果花的是家庭的钱，你就更没有资格去浪费！

9. 节约从一粒米开始

我们总能看到节约的口号，但真正养成节约习惯的人并不多。

美国航空公司（简称“美航”）是美国最大也是最赚钱的航空公司之一。

美航赚钱的秘诀之一就是想尽办法节省成本，包括更换现代化、短程而且更省油的飞机；发展轴辐式的路线结构以减少间接成本；增加每班飞机的座位密度；通过劳动契约和双层工资结构减少劳工成本；削减燃油与其他非劳工的变动成本等。

除了代表美航标志的红、白、蓝条纹外，美航飞机不加任何油漆，这项策略降低了油漆和燃油的成本。一架不上漆的DC—10大约轻了180千克，因此每年每架飞机的燃油大约可以省下1.2万美元。

20世纪80年代中期，美航把每架飞机的内部重量至少减轻了680千克，而重量之所以能够减轻，是因为装上了较轻的座椅；把金属推车改换成强化塑钢；换用较小的枕头和毛毯；在头等舱中使用轻型器皿以及重新设计服务空厨。这些改变，为美航的每架飞机每年至少节省2.2万美元。

有一回，美航执行长官柯南道尔在美航班机上，把未吃完的生菜倒入一个塑料袋，交给负责机上餐饮的主管，下令“缩减晚餐沙拉的分量”。他还不满意，又下令拿掉每份沙拉中的一粒黑橄榄。如此一来，又为美航每年节约7万美元。

美航的管理告诉人们：节约无处不在，节约没有极限。

在大学里，可节约的地方有很多，就餐、用水、用电，处处可以做到节约。

从节约一粒米、一滴水开始，刮起一场节约风暴吧。节约将缓解你的经济压力，更可贵的是，你将养成节俭的习惯，这是你积累财富的起点。

10. 别成为金钱的奴隶

你对金钱的态度是什么？

是顶礼膜拜，还是坚信“天生我材必有用，千金散尽还复来”？

这个故事是一个纽约的金融顾问的个人经历。

她每天惬意地在59街穿梭，在第三大道上的十字路口对深埋在沥青里的两美分硬币想入非非，在她的游戏规则中，她希望不借助任何工具得到它。几年后的一个炎热的下午，她感觉到沥青的松软，并且不惜损坏用13美元做的指甲，挖掘到了其中一美分。在红灯闪亮、车流滚滚而来的时候，她放弃了对另一枚硬币的追求，并且在大街上把玩自己的快乐。当她高高抛起这枚硬币的时候，令人沮丧的事情发生了，这枚多年来梦寐以求的硬币，从手中滑落、滚动，并消失在下水道里。她花了多年才得到的，竟然在短短的几分钟之内消失了。

这枚硬币的小小奇遇，让她开始用新的方式看待金钱：这枚硬币以及金钱本身，其实是那么软弱无力，它等待人们像疯子一样去挖掘它、得到它、使用它、保存它、花掉它甚至失去它。金钱的命运，完全取决于支配它的人的行为。

金钱本身是没有力量的，金钱的命运完全取决于支配它的人的行为。你有没有挖掘并驾驭金钱的能力，完全取决于你自身的修养和锤炼。

读书、学习，是成就你挖掘并驾驭金钱能力的有效途径。

第四章
安全不是你一个人的事

“预防是解决危机的最好办法。”

——英国危机管理专家

迈克尔·里杰斯特

1. 离诱惑越远越安全

高校就是一个“亚社会”，所以你面临的诱惑会很多。

某大公司准备以高薪雇用一名小车司机，经过层层筛选和考试之后，只剩下3名技术最优良的竞争者。主考者问他们：“悬崖边有块金子，让你们开着车去拿，你觉得能距离悬崖多近而又不至于掉落呢?”

“二米。”第一位说。

“半米。”第二位很有把握地说。

“我会尽量远离悬崖，愈远愈好。”第三位说。

结果这家公司录取了第三位。

可见，避免陷入危险的最好方法，就是克制自己，远离诱惑。

你的安全不是你一个人的事，父母亲友时刻为你牵肠挂肚，想想这些，你就能克制自己远离危险了。

2. 防患于未然

事后控制不如事中控制，事中控制不如事前控制。“预防是解决危机的最好办法。”英国危机管理专家迈克尔·里杰斯特如是说。

魏文王问名医扁鹊：“你们家兄弟三人，都精于医术，到底哪一位最好呢？”

扁鹊答说：“长兄最好，中兄次之，我最差。”

文王再问：“那为什么你最出名呢？”

扁鹊答道：“我长兄治病，是治病于病情发作之前。由于一般人不知道他能事先铲除病因，所以他的名气无法传出去，只有我们家的人才知道。我中兄治病，是治病于病情初起之时。一般人以为他只能治轻微的小病，所以他的名气只及于本乡里。而我扁鹊治病，是治病于病情严重之时。一般人都看到我在经脉上穿针管来放血、在皮肤上敷药等大手术，所以以为我的医术高明，名气因此响遍全国。”

看似平静的高校生活往往暗流涌动，看似安全的高校校园往往隐藏了很多危险。社会上的诱惑、学习上的压力、生活上的困惑，都有可能使一个人犯下错误，留下不光彩的记录，甚至毁掉自己的一生。这样的事例不胜枚举，斗殴、杀人、自杀……仿佛一些不和谐的音符，出现在大学生活的旋律之中。

一个人如果时刻保持清醒的头脑，就不会陷进危险中去；一个人如果能够冷静处理问题，就会将安全隐患消灭于萌芽状态。那些最终出事的人，一般都是因为不能控制自己，或者抱着侥幸心理去尝试，从而将自己置身于危险的境地。

防患于未然，才是最高的境界。

3. 诤言逆耳

常言道：诤言逆耳。

某日，张三在山间小路开车，正当他快乐地欣赏美丽风景时，突然迎面开来一辆货车，而且满口黑牙的司机还摇下窗户对他大喊一声：“猪！”

张三越想越纳闷，也越想越气，于是他也摇下车窗回头大骂：“你才是猪！”

刚骂完，他便迎头撞上一群过马路的猪。

无论在学习还是生活中，越是听到自己不喜欢的话，越要冷静地思考，从中吸取教训和有益的建议。

相反，对于那些像蜜糖一样甜的赞美，你可要小心了，琢磨一下自己是否受之有愧，想一想他人说话的真实目的再做表态吧。

4. 倾听关于安全的建议

当有人向你提建议时，你会表现出怎样的态度？

有位客人到朋友家里做客，看见主人家的灶上烟囱是直的，旁边又有很多木材，就告诉主人说，烟囱要改曲，木材须移去，否则将来可能会有火灾。主人听了没有做任何表示。

不久主人家里果然失火，四周的邻居赶紧跑来救火，最后火被扑灭了。主人烹羊宰牛，宴请四邻，以酬谢他们救火的功劳，但是并没有请当初建议他将木材移走、烟囱改曲的人。

有人对主人说："如果你当初听了那位先生的话，今天也不用准备宴席，而且没有火灾的损失，现在论功行赏，原先给你建议的人没有被感谢，而救火的人却是座上客，真是很奇怪的事呢！"

主人顿时醒悟，赶紧去邀请当初给予建议的那个客人来吃酒。

身边的亲人、朋友，甚至是出于好心的陌生人，会针对你的安全和发展提出一些建议。

这时，你要虚心倾听，如果对方说的有道理，就要采纳；如果对方说的不正确，也要引以为戒。

然而，有很多人却不是这样，他们总是认为自己是正确的，对别人的建议不屑一顾，等到真出现了问题，也只有内心懊悔。

5. 提防可能伤害你的人

俗话说：江山易改，秉性难移。

从前，有一个地方住着一只蝎子和一只青蛙。蝎子想过池塘，但不会游泳。于是，它爬到青蛙面前央求道："劳驾，青蛙先生，你能驮着我过池塘吗?"

"我当然能。"青蛙回答，"但在目前情况下，我必须拒绝，因为你可能在我游泳时蜇我。"

"可我为什么要这样做呢?"蝎子反问，"蜇你对我毫无好处，因为你死了我就会沉没。"

青蛙虽然知道蝎子是多么狠毒，但又觉得它说得也有道理。青蛙想，也许蝎子这一次会收起毒刺，于是就同意了。蝎子爬到青蛙背上，它俩开始横渡池塘。就在它们游到池塘中央时，蝎子突然弯起尾巴蜇了青蛙一下。伤势严重的青蛙大喊道："你为什么要蜇我呢？蜇我对你毫无好处，因为我死了你就会沉没。"

"我知道。"蝎子一面下沉一面说，"但我是蝎子，我必须蜇你。这是我的天性。”

一个秉性向善的人，不会在背后危害你；一个秉性向恶的人，就是一个潜在的危险。

在你的周围，总会有形形色色的人。所以，你一定要练就一双慧眼，认清哪些是不会对你构成危险的人，哪些是极有可能危害你的人。

对于那些极有可能危害你的人，你可要小心了，无论他们伪装出一副多么善良的面孔，你也不要对他们抱有幻想，要始终保持一定的距离，这是避免你陷入危险之中的最好方法。

6. 别让虚荣心兴风作浪

几乎每个人都是有虚荣心的。但如果你非常爱慕虚荣，那可要小心了。

古希腊有个寓言是这样讲的：一头驴听说蝉唱歌好听，便头脑发热，要向蝉学习唱歌。于是蝉就对驴说："学唱歌可以，但你必须每天像我一样以露水充饥。"于是，驴听了蝉的话，每天以露水充饥，结果呢，没有几天驴就饿死了。

虚荣心如果控制得好，就会成为前进的动力；如果任其兴风作浪，就会成为一种灾难。

在形形色色的诱惑面前，虚荣心往往会让人按捺不住。这时最要紧的是要搞明白哪些是自己应该去做的，哪些是自己必须远离的。积极去做那些能给自己带来荣誉感的事情，坚决拒绝那些不适合自己做的事情，你才不会因此付出沉重的代价。

7. 积极面对困境

当你处于困境时，你习惯于向好处想呢，还是向坏处想呢？

一个风雨交加的夜晚，一个青年小伙的汽车在偏僻的山路上抛锚了。他一边检查车况，一边大声咒骂着。的确，他应该咒骂，因为他实在太倒霉了："公司这么多人，怎么就自己在暴风雨的深夜中驱车送货？为什么货主偏要住在远离城市的山区？为什么在偏僻的山路，这架除了喇叭不响哪里都响的老爷车，偏偏就抛锚了？苦啊！"

修车需要千斤顶，但小伙子没有。他抬头四望，发现在远处有一盏灯，发出昏黄的灯光。他想，那应该是一户人家了吧？

小伙子决定前往那户人家借千斤顶。风在呜呜地吼，雨在哗哗地下，小伙子不禁心里暗想：

“如果那户人家没有人在家，怎么办啊?”

“如果那户人家有人在家，但没有千斤顶，怎么办?”

“如果那个家伙有千斤顶，但就是不肯借给我，怎么办?”

小伙子越想越气，在急促的敲门声中，主人开门了，小伙子按捺不住，脱口而出：“你这个家伙有什么了不起的!”

这个小伙子，能否顺利借到千斤顶，摆脱困境呢？结果可想而知。

可见，一个人处于困境时，如果朝着不利的方向去考虑，很可能会发生连锁反应，使他陷入更深的困境之中。

无论生活还是学习，你都难免遇到挫折，这时你如果朝着不利的方向考虑，比如：“如果下次补考还过不了怎么办?”“如果下一个家庭也不请我做家教怎么办?”这样你的情绪就会越来越沮丧，也许还会做出不理智的举动使自己陷入被动或者危险之中，甚至会自暴自弃，给学校制造麻烦，给家人增添负担。

当你朝着有利的方向去考虑时，情况就不一样了。你会看到希望，增强信心，走出困境。

8. 树立你的危机感

具备危机感才会有安全感。无论你处于一个多么安逸和安全的环境，也要增强危机感。

在非洲的大草原上，早晨的曙光刚刚划破夜空，一只羚羊就从睡梦中猛然惊醒。

就在羚羊醒来的同时，一只狮子也惊醒了。

羚羊想："赶快跑！如果慢了，就有可能被狮子吃掉！"于是，它急忙起身向着太阳飞奔而去。

狮子想："赶快跑！如果慢了，就捕捉不到羚羊，那就可能被饿死！"于是，也飞身向着太阳奔去。

一个没有危机感的人在危机一旦来临时，就会措手不及，深陷其中。而一个具有危机感的人，会时刻保持警惕，从情势变化中敏锐觉察到危险的存在，从而及时规避风险，化解危机。

9. 别让一只苍蝇要了你的性命

你的心理承受能力怎样？经受过考验吗？

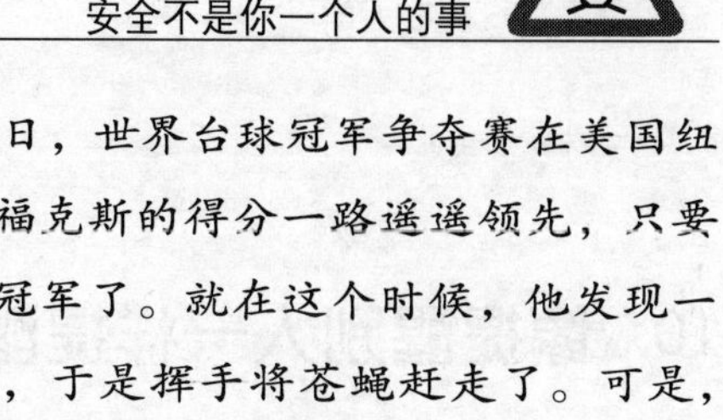

1965 年 9 月 7 日，世界台球冠军争夺赛在美国纽约举行。路易斯·福克斯的得分一路遥遥领先，只要再得几分便可稳拿冠军了。就在这个时候，他发现一只苍蝇落在主球上，于是挥手将苍蝇赶走了。可是，当他俯身要击球的时候，那只苍蝇又飞回到主球上来了，他在观众的笑声中再一次起身驱赶苍蝇。这只讨厌的苍蝇开始破坏他的情绪，而且更为糟糕的是，苍蝇好像是有意跟他作对，他一回到球台，它就又飞回到主球上来，引得周围的观众哈哈大笑。

路易斯的情绪恶劣到了极点，终于失去理智，愤怒地用球杆去击打苍蝇。球杆碰到了主球，裁判判他击球，他因此失去了一轮机会。福克斯方寸大乱连连失利，而他的对手约翰·迪瑞则越战越勇，赶上并且超过了他，最后成为冠军。

第二天早上，人们在河里发现了路易斯·福克斯的尸体，他投河自尽了！

路易斯·福克斯输球了，输在他不能控制自己的情绪。

路易斯·福克斯自尽了，死在他欠缺心理承受能力。

在学习和生活中，人总会遇到“苍蝇”，它会干扰你正常的生活和学习，让你遭遇种种挫折。你必须增强自制力和心理承受能力，才能打败那只“苍蝇”。不然，就会被“苍蝇”搅得方寸大乱，甚至为此付出生命的代价。

10. 像提醒别人一样提醒自己

有句话叫：当局者迷，旁观者清。

有个老太太坐在马路边望着不远处的一堵高墙，总觉得它马上就会倒塌。见有人走过去，她就善意地提醒道："那堵墙要倒了，远着点走吧。"被提醒的人不解地看着她，大模大样地顺着墙根走过去了——那堵墙没有倒。老太太很生气："怎么不听我的话呢?!"又有人走来，老太太又予以劝告。

三天过去了，许多人在墙边走过来走过去，并没有遇上危险。第四天，老太太感到有些奇怪，又有些失望，不由自主走到墙根下仔细观看，然而就在此时，墙倒了，老太太被掩埋在灰尘砖石中，气绝身亡。

人作为旁观者的时候，因为没有利益相关，容易保持清醒的头脑，对事情做出正确的判断。但一旦介入其中，往往就会受到主观因素的影响而做出错误的判断。

所以，当你处理一件与自己相关的事情时，首先要进行换位思考，站在一个旁观者的角度来审视，这样才能认清事情的真相，找到正确的解决办法，从而避免犯错误。

11. 处事沉着不后悔

很多年轻人之所以犯下严重的错误，甚至走上违法犯罪的道路，就是因为一时冲动。

早年在美国阿拉斯加，有一对年轻人结婚后太太因难产而死，遗下一个孩子。丈夫忙于生活，没有人照看孩子。因而他训练了一只狗，那狗聪明听话，能照顾孩子，咬着奶瓶给孩子喂奶喝。

有一天，主人出门去了，叫狗照顾孩子。他到了别的乡村，因遇大雪，当日不能回来。第二天才赶回家，狗立刻狂吠着迎接主人。他把房门打开一看，到处是血，抬头一望，床上也是血，狗在身边，满口也是血，而孩子不见了。他以为狗性发作，把孩子吃掉了，大怒之下，拿起刀来对着狗头一劈，把狗杀死了。

之后，他突然听到孩子的声音，又见孩子从床下爬了出来，虽然身上有血，但并未受伤。他很奇怪，不知究竟是怎么一回事，再看看狗，它腿上的肉没有了，被遮挡的角落里有一只狼，口里还咬着狗的肉。

原来，狗救了小主人，却被主人误杀了。

当人冲动的时候，便不再考虑对错，不再寻找正

确的解决方法，而只顾宣泄情绪；当意识到自己做错了时，却只能悔之晚矣。

处事沉着冷静，莫冲动，才不会后悔。

12. 自爱者自重

一个不自爱的人，会自重吗？

2005年11月初，杭州市公安局下城分局武林派出所接到举报：杭州有人正在通过网站介绍女子卖淫，而且这些女子都是在杭各大高校的女大学生。根据这一线索，民警上网通过已知的QQ号码和一个化名“介绍”的人取得了联系。

经过一番对话，“介绍”给民警发来了一个地址，在民警汇给他50元“入会费”后，又发来了密码。登录网站后，民警果然在页面上看到了众多的女孩照片，根据照片下的说明，这些女孩子全部都是在校的大学生，可以提供商务公关服务，并满足客户的各种要求。为了进一步核实情况，民警假装成客户挑选了其中一个女孩，提出要对方提供性服务，要求必须是在校的女大学生。“介绍”在经过多次试探，确认没有危险后，与警方商定了交易的时间和地点。

8日晚，一个身穿白衣的漂亮女孩敲开了杭州金山大酒店的一间房门：“你好，我是‘介绍’叫我来的……”当民警对其表明身份时，女孩用手遮住了自己的脸……

经审查，这个女孩是杭州某学院大二学生张某。根据张某的交代，她是受人指派来到房间的。民警顺藤摸瓜，抓获了多名团伙成员和嫖客，一个特大网络卖淫团伙浮出水面。

记者在采访中了解到，近年来一些有钱人开始将寻欢的目光瞄向高校，认为女大学生的素质高，“安全卫生”。还有的人甚至专门要求包养女大学生作为情人，这样既不容易招惹“麻烦”，带出去也有“面子”。一些不法人员也将介绍女大学生给老板作为生财之道。而同时也有不少女大学生在金钱面前没有守住自己的道德底线。

据了解，这些女大学生的家庭经济环境并不差，基本的生活费用能够得到保证，而她们通过从事性交易得来的钱大多被挥霍了。令记者吃惊的是，在谈到从事性交易的时候，这些女大学生没有觉得这是很羞耻的事，在她们眼中没有钱买高档服装和化妆品似乎更令她们难堪。

一个人如果不爱惜自己的身体和名誉，那他就不会再注意自己的言行。

一个人如果金钱至上，享乐至上，那他就会把自己的身体和名誉视为粪土。

你要明白，哪些应该涉足，哪些应该远离。获取金钱可以通过正当的渠道，享受生活先得创造生活。

当你不顾廉耻，不择手段地去攫取金钱时，可想过你的父母亲朋们，他们会为你蒙羞！

13. 谦虚谨慎不受骗

一个人如果不谦虚谨慎，即使很聪明，也很容易被忽悠而上当受骗。

海底有一个瓶子，瓶子里困着一个巨魔。那是五百年前一个神仙把巨魔收到瓶里的。巨魔曾经许过一个愿，谁能把这个瓶子捞起来，把瓶塞打开，把他救出来，他就赠给这个人一座金山。可是，五百年过去了，还没有人把这瓶子捞起来。巨魔十分气恼，他诅咒说："以后，如果谁把我救出来，我就一口把这个人吞掉。"

有一个青年渔夫撒网捕鱼的时候，发现网里有一个古旧瓶子。他把瓶塞打开——啊！一阵浓烈的烟雾喷出来，徐徐吐出一个比山还大的巨魔。"哈哈哈哈！"巨魔的笑声，震得海涛汹涌起来。他说："年轻人，你把我救出来，我本应谢谢你，可是，你做得太迟了，倘若你早一年把我救起，你就可以得到一座金山啦！唉，我等了五百年，我太不耐烦了，我已经许了恶愿，要把救我出来的人一口吃掉！"那青年吃了一惊，但立即镇定地说："哟，这么小小的瓶子，怎

能把你盛下呀？你一定说谎，你再回到瓶子给我看看吧！”

“哈哈哈哈，我不会上当的！《天方夜谭》早把这个古老的故事说过了，如果我再钻入瓶子里，你把塞子再塞上，故事不就说完了么？”“什么？你看过《天方夜谭》么？你真是一个博学多才之士呀！你还看过苏格拉底的哲学著作吗？”“哈哈！这五百年我躲在瓶子里，穷读天下的经典著作，苦苦修行，莫说是西方的巨著，东方的《大学》、《中庸》、《论语》、《孟子》我都念得熟透了。”“啊，中国太史公的《史记》你也颇有研究吧？墨子的著作有涉猎么？”“别说了，经史子集无一不通！”“不过，我想你一定没有见过《红楼梦》的手抄本，这是一部难得一见的版本呢！”“哈哈哈，你这个小子太小觑我了，这本书的收藏者正是我呀！让我拿出来给你开开眼界吧！”巨魔立即又化作一阵浓烟，徐徐进入瓶子里。这时候，那青年渔夫不再迟疑，连忙用瓶塞堵住了瓶子。

可见，面对狂热的追捧和赞美，有的人就飘飘然了，就忘乎所以了，结果就掉进陷阱里了。

一要谦虚，二要谨慎，当你用这两样法宝武装自己后，就不会再怕被忽悠。

第五章
大学中的友谊最珍贵

“岁不寒无以知松柏，事不难无以知君子。”

——中国思想家荀子

1. 知人固不易矣

真正认清一个人和了解一个人的心并不是件容易的事。

颜回是孔子最得意的门生。有一次孔子周游列国，困于陈蔡之间七天没饭吃，颜回好不容易找到一点粮米，便赶紧埋锅造饭。米饭将熟之际，孔子闻香抬头，恰好看到颜回用手抓出一把米饭送入口中。等到颜回请孔子吃饭，孔子假装说："我刚刚梦到我父亲，想用这干净的白饭来祭拜他。"颜回赶快接着说："不行，不行，这饭不干净，刚刚烧饭时有些烟尘掉入锅中，弃之可惜，我便抓出来吃掉了。"孔子这才知道颜回并非偷吃饭，心中相当感慨，便对弟子说："所信者目也，而目犹不可信；所恃者心也，而心犹不足恃。弟子记之，知人固不易矣！"

孔子发出了"知人固不易矣"的感慨，可见交友的时候，不能随随便便就相信一个人，更不能随随便便就把一个人当做知心朋友。

了解一个人，不能靠道听途说，也不能靠一两件

事就下结论，而要深入了解，长期观察。

如果对一个人有好感，不妨先做一般朋友，经过时间考验后，再做知心朋友。

2. 认清你的一个半朋友

你有真正的朋友吗？

从前有一个仗义的广交天下豪杰的武夫，他临终前对他的儿子说："别看我自小在江湖闯荡，结交的人如过江之鲫，其实我这一生就交了一个半朋友。"

儿子纳闷不已。他的父亲就贴近他的耳朵交代一番，然后对他说："你按我说的去见我的一个半朋友，朋友的要义你自然会懂得。"

儿子先去了父亲认定的"一个朋友"那里，对他说："我是某某的儿子，现在正被朝廷追杀，情急之下投身你处，希望予以搭救！"这人一听，容不得思索，赶忙叫来自己的儿子，喝令儿子速速将衣服换下，穿在这个并不相识的"朝廷要犯"身上，而让自己的儿子穿上"朝廷要犯"的衣服。

儿子明白了：在你生死攸关的时候，那个能与你肝胆相照，甚至不惜割舍自己的亲生骨肉来搭救你的人，可以称作你的一个朋友。

儿子又去了他父亲说的"半个朋友"那里，抱拳

相求，把同样的话说了一遍。这“半个朋友”听了，对眼前这个求救的“朝廷要犯”说：“孩子，这等大事我可救不了你，我这里给你足够的盘缠，你远走高飞快快逃命，我保证不会告发你……”

儿子明白了：在你患难时刻，那个能够明哲保身、不落井下石加害你的人，可称作你的半个朋友。

一个人交的朋友再多，也不外乎三种人：一种是能够与你肝胆相照、同甘共苦的人；一种是在你危难之时明哲保身，不对你落井下石的人；一种是平时关系亲密，关键时刻却陷害你的人。前两种人就是所谓的“一个半朋友”。如果你能交到这两种人，足矣。

然而，平常的日子里，你可能分辨不出朋友的真实面目。那些表面上看起来亲密无间的朋友，很可能是上面所说的第三种人；而那些不善言谈，甚至有时冷淡的朋友，可能恰是你的“一个半朋友”。

3. 朋友亲密有间

美国精神分析医师布列克曾对同事间的交往打过一个精彩的比喻：两只刺猬在寒冷的季节互相接近以便取得温暖，过于接近彼此会刺痛对方，离得太远又无法达到取暖的目的，因此它们总是保持着若即若离的距离，既不会刺痛对方，又可以相互取暖。

有一个人大学一年级交了一个好朋友，是堪称知己的那一种。原因很简单，他来自农村，而朋友来自都市，但朋友一点也不歧视他，还给他很多关爱。他就有了“士为知己者死”的冲动，跟朋友无话不谈，连自己的隐私也袒露给了对方。

他上中学的时候，犯了一个很大的错误。他嫉妒那些富有的同学，偷窃他们的财物，包括英语学习机、随身听等时髦的玩意儿，就连饭票也不放过。在一次晚自习后，他进入教室行窃时被抓住了。父母费了很大的周折，才使他免遭处分。他因此转了学。

在一次跟朋友喝酒的时候，他毫无保留地将这些隐私倾诉给了朋友，也没感到难堪和不妥。朋友只是笑了笑。

后来，朋友让他做一些他不愿意做的事，他却无法拒绝。因为虽然朋友没有要挟他，但他总怕朋友把他的隐私说出去。

可见，朋友之间的交往也不能过于亲密，不能把朋友当“上帝”，向朋友“忏悔”。因为你一旦那样做了，你就会很被动，就会成为他人的附庸，丧失了跟朋友平等对话的权利。

4. 人脉胜于能力

人脉胜于能力，这并非夸大其词，尤其是在中国这样一个注重人际关系的国度。

曾经有人对200多家跨国企业进行调查，发现专业能力并非优秀员工区别于一般员工的首要因素；专业能力只是一种基本要求，但是否能做好工作，则更多由专业能力之外的处理人际关系的能力来决定。

在台湾证券投资领域，杨耀宇可是个知名人物，他将人脉竞争力发挥到了极致。他曾是统一集团的副总，退出后为朋友担任财务顾问，同时兼任五家电子公司的董事。据推算，他的身价应该有近亿元台币之高。为什么曾是一个不起眼的乡下小孩的他，到台北打拼能快速积累起这么多财富呢？杨耀宇自己解释说："有时候，一个电话抵得上十份研究报告。我的人脉网络遍及各领域，上千万条，数也数不清。"

所以，你平时要注意建立自己的人际关系网络，广交朋友，结交那些你认为值得结交的人。

但要分清一般朋友与知己的关系，不要把什么人都当做知己，也不要为了朋友而去做傻事。

5. 敞开心扉才会交到朋友

有的人没有朋友，并不是他多么令人讨厌或是没一点吸引人的地方，而是他紧闭心扉，冷漠待人，让那些希望跟他交往的人望而却步。

有的人之所以自闭，除了性格内向，甚至自卑之外，还可能是因为受过别人的伤害，于是不再信任他人。这些人如果这样下去，将永远没有朋友。

有兄弟二人，年龄不过四五岁，由于卧室的窗户整天都是密闭着，他们总认为屋内太阴暗，看见外面灿烂的阳光，就十分羡慕。兄弟俩就商量说："我们可以一起把外面的阳光扫一点进来。"于是，兄弟两人拿着扫帚和畚箕，到阳台上去扫阳光。等到他们把畚箕搬到房间里的时候，里面的阳光就没有了。这样一而再再而三地扫了许多次，屋内还是一点阳光都没有。

正在厨房忙碌的妈妈看见他们奇怪的举动，问道："你们在做什么？"

他们回答说："房间太暗了，我们要扫点阳光进来。"

妈妈笑道："只要把窗户打开，阳光自然会进来，何必去扫呢？"

打开窗户，阳光自然会照射进屋里，同样，打开心门，朋友自然会走进你的内心世界。

有句歌词这样唱道："朋友一生一起走"。朋友是你人生路上的一道美丽风景，因为有了朋友，你的一生将更加丰富多彩，生活、事业，莫不因为朋友而精彩。

试着打开心门，让那些想跟你交往的人走进你的内心世界，你们就会成为朋友。

6. 影响是把双刃剑

人与人之间的交往，就是一场意志力与意志力的较量。

陈阿土是台湾的农民，从来没有出过远门；攒了半辈子的钱，他终于参加了一个旅游团出了国。国外的一切都是非常新鲜的，况且，陈阿土参加的是豪华团，一个人住一个标准间，这让他新奇不已。早晨，服务生来敲门送早餐时大声说道："Good morning!"陈阿土愣住了。这是什么意思呢？在自己的家乡，一般陌生人见面都会问："您贵姓？"于是陈阿土大声叫道："我叫陈阿土！"如是这般，连着三天，都是那个服务生来敲门，每天都大声说："Good morning sir!"而陈阿土也大声回答："我叫陈阿土！"但他非常地生气。这个服务生也太笨了，天天问自己叫什么，告诉他又记不住，很烦的。终于他忍不住去问导游，"Good morning sir!"是什么意思，导游告诉了他。天啊！真是丢脸死了。陈阿土反复练习"Good morning sir!"这个词，以便能体面地应对服务生。

又一天的早晨，服务生照常来敲门，门一开陈阿土就大声叫道："Good morning sir!"与此同时，服务生叫道："我叫陈阿土！"

虽然朋友一般是志趣相同的人，但总会有差异。在交往的过程中，你若不影响并改变对方，就很容易被对方影响而改变。近朱者赤，近墨者黑，体现的正是这个道理。

所以，选择朋友的时候，请选择那些优点大于缺点的人。这样，即使你不能影响对方，也不会跟着对方学坏。

7. 给别人留有余地

无论做人还是做事，在跟他人打交道的过程中，都应秉承一个原则：给别人留有余地。

宋朝有个名叫苏掖的常州人，官至州县监察官。他家中十分有钱，但却非常吝啬，常常在置办田产或房产时，不肯付足对方应得的钱。有时候，为了少付一分钱，他会与人争得面红耳赤。他还最会趁别人困窘危急之时，压低对方急于出售的房产、地产及其他物品的价格，从而牟取暴利。

有一次，他准备买下一户破产人家的别墅，竭力压低房价，为此与对方争执不休。他儿子在旁看不下去了，忍不住发话道：“爸爸，您还是多给人家一点钱吧！说不定将来哪一天，我们儿孙辈会出于无奈而卖掉这座别墅，希望那时也有人给个好价钱。”

苏掖听儿子这么一说，又吃惊，又羞愧，从此开始有所醒悟了。

有的人跟他人交往时，心高气傲，往往置人于死地而后快，似乎这样才能显示他们有能力，才能让他们获得一种成就感和满足感。

这样自然容易得罪别人。当他们也处于一种不利的局势时，别人自然也不会给他们留有余地，甚至为了报复，会让他们更加难堪。

给别人留余地，就是给自己留余地，这是一种智慧。秉承这种态度跟别人交往，关系才能长远。

8. 欣赏他人的优点

人很少有十全十美的。既有优点，也有缺点，才是一个真实的人。

有位老师进了教室，在白板上点了一个黑点。

他问班上的学生：“这是什么？”

大家都异口同声地说：“一个黑点。”

老师故作惊讶地说：“只有一个黑点吗？这么大

的白板大家都没有看见?”

可见，当你只盯着一个人的缺点时，就会忽视他的优点，甚至会把缺点放大，完全盖住优点。当你总是这样看人时，什么人在你眼里都将一无是处。你又怎么会有朋友呢?

学着欣赏他人的优点，你就会发现，原来有那么多人可以做你的良师益友。

9. 尊重他人从一声问候开始

尊重他人，你也会得到他人的尊重。

20 世纪 30 年代时，一位犹太传教士每天早晨总是按时到一条乡间土路上散步。无论见到什么人，总是热情地打一声招呼：“早安。”

其中，有一个叫米勒的年轻农民，对传教士这声问候总是反映冷漠——在当时，当地的居民对传教士和犹太人的态度是很不友好的。然而，年轻人的冷漠，未曾改变传教士的热情，每天早上，他仍然给这个一脸冷漠的年轻人道一声早安。终于有一天，这个年轻人脱下帽子，也向传教士道了一声：“早安。”

好几年过去了，纳粹党上台执政。

这一天，传教士与村中所有的人，被纳粹党集中起来，送往集中营。在走下火车，列队前行的时候，有一个手拿指挥棒的指挥官，在前面挥动着棒子，叫道："左，右。"被指向左边的是死路一条，被指向右边的则还有生还的机会。

传教士的名字被这位指挥官点到了，他浑身颤抖，走上前去。当他无望地抬起头来，眼睛一下子和指挥官的眼睛相遇了。

传教士习惯地脱口而出："早安，米勒先生。"

米勒先生虽然没有过多的表情变化，但仍禁不住还了一句问候："早安。"声音低得只有他们两人才能听到。

最后的结果是：传教士被指向了右边——意思是生还者。

人因互相尊重而心心相印，彼此在对方心中占有一个位置。

一声问候，虽然看似微不足道，但却表明了你的态度，向对方传达了你的尊重。

尊重他人，不妨从一声问候开始。

10. 请不要吝啬你的赞美

美国著名女企业家玫琳·凯曾说过："世界上有两件东西比金钱和性更为人们所需——认可和赞美。"

明娟和明丽是两姐妹。

一天，明娟生气地说：“我最讨厌和妈咪出去了，每次说的话，都让我伤心。”

妈咪惊奇地说：“怎么会呢？人家称赞你很会读书，我当然说：‘不是啦，她天生不是很聪明，所以比较用功，别人读一遍，她得读五遍，才能和别人一样。’这样不对吗？难道我要说女儿很优秀，很会读书，中国人不是一向讲究要谦虚吗？”

明丽答腔说：“唉！老妈，这不是重点，重点是现在的年轻人宁愿听到人家说她很聪明，而不愿意听到人家说她不聪明只是很用功，如果你讲的是‘三明治’的说法，那么我听起来就舒服多了。”

老妈愣住了，问什么是“三明治”的说法。

明丽说：“那就是一种先褒奖，再说实情，再说一个总结性的好处的说法。”

妈咪给弄糊涂了：“这到底要怎么说啊？”

明丽解释说：“例如有一个学生，迟交了报告，教授要扣她的分数，但担心引起学生的不快，教授就说：‘嗯，你写得不错，不过就是晚交了点，我先扣你两分，但是整体来说，你还是挺不错的。’”

妈咪笑着说：“那么当别人称赞我女儿时，我就得说：‘嗯，她还算聪明啦，但就是好胜心强了点，所以夜夜啃书，不过整体来说，还是不错的啦！’对不对？”

两个女儿抿着嘴忍不住笑了起来。明丽还幽默地说：“妈咪！您学得还蛮快的嘛！”这时全家听了都笑成了一团，只有老妈感叹，E时代的语言还真的是不

简单呢。

这时明娟不甘示弱地说：“即使学生很顽皮，也要先告诉家长说挺聪明的，就是有点顽皮，如果能改掉这个小缺点的话，就太完美了。这样，家长听了也就不会怪老师只会看到她孩子的缺点，而看不到优点了。”

妈咪一听点点头说：“这‘三明治’的说法，还真的是不错哩!”

可见，在评价他人时，如何给予他人赞美，可以说是一门语言的艺术。

当你批评他人时，如果直截了当地说，被批评的人就可能脸上挂不住，心里也就不会接受。如果你先去赞美对方，让对方感到很舒服，再提出批评自然就容易被接受了。这就像给小孩吃药，让小孩吃药本是很难的，但如果向药里加点糖，吃起来就不会费劲了。先去赞美对方，就是先向药里加点糖。

然而，很多人却不习惯去赞美他人，这样做虽说实事求是，但容易失去朋友。

所以，请不要吝啬你的赞美，学会赞美他人吧。

11. 真心赞美他人

为了拍马屁去赞美一个人，是很难赢得对方的真心的。

韩国某大型公司有一个清洁工，他本来是一个最被人忽视、最被人看不起的角色，但就是这样一个人，却在一天晚上公司保险箱被窃时，与小偷进行了殊死搏斗。

事后，有人为他请功并问他的动机，他的答案却出人意料。他说：当公司的总经理从他身旁经过时，总会不时地夸他"扫的地真干净"。

赞美一个人，固然会让对方感到很高兴，但必须出于真心；如果不是出于真心，就很可能会让对方感到是在嘲讽他。

让对方感到是真心赞美他，他才会用真心回报你。反之，不但不能拉近你与对方的关系，还会使关系僵化。

12. 帮助是相互的

朋友之间是一种互惠互利的关系，这是一条颠扑不破的真理。

有一个人做了一个梦，梦中他来到一幢二层楼的房子。进到第一层楼时，他发现一张长长的大桌子，

桌旁都坐着人，桌子上摆满了丰盛的佳肴，可是没有一个人能吃得到，因为大家的手臂受到魔法师诅咒，全都变成直的，手肘不能弯曲，而桌上的美食，夹不到口中，所以个个愁苦满面。但是他听到楼上却充满了欢愉的笑声，他好奇地上楼一看，发现同样也有一群人，手肘也是不能弯曲，但是大家却吃得兴高采烈。原来每个人的手臂虽然不能弯曲，但是因为大家彼此协助，互相帮助夹菜喂食，结果大家吃得很尽兴。

别以为你们是朋友（即便是知己），你就可以心安理得地接受对方的帮助而不思回报。你接受对方的帮助，也必须回馈对方、适时帮助对方，这样，你们的友谊才会长久。

帮助是相互的，你主动去帮助他人，自然会赢得他人的帮助。

13. 别在任何事上都较真儿

有些事儿认不得真。

话说孔子东游，来到一个地方后感觉腹中饥饿，就对弟子颜回说："前面有一家饭馆，你去讨点饭来。"颜回就走进饭馆，说明来意。

那饭馆的主人说："要饭吃可以啊，不过我有个要求。"颜回忙道："什么要求?"主人回答："我写一字，你若认识，我就请你们师徒吃饭，若不认识乱棍打出。"颜回微微一笑："主人家，回我不才，可我也跟随师傅多年。慢说一字，就是一篇文章又有何难?"主人也微微一笑："先别夸口，认完再说。"说罢拿笔写了一个"真"字。颜回哈哈大笑："主人家，你也太欺我颜回无能了，我以为是什么难认之字，此字我颜回五岁就识。"主人微笑问："此为何字?"颜回说："是认真的'真'字。"主人冷笑一声："哼，无知之徒竟敢冒充孔老夫子门生，来人，乱棍打出。"

颜回就这样回来见老师，说了经过。孔老夫子微微一笑："看来他是要为师前去不可。"说罢来到店前，说明来意。那店主一样写下"真"字。孔老夫子答道："此字念'直八'。"那店主笑道："果是夫子来到，请!"就这样吃完喝完不花一分钱走了。颜回不懂啊，问道："老师，你不是教我们那字念'真'吗?什么时候变'直八'了?"孔老夫子微微一笑："有时候有些事是认不得'真'的啊。"

这个故事虽然有些荒诞，但也道出了一条做人的准则，即有时候不能太较真。

无论在学习还是生活中，都要有认真的态度，在一些重要问题上应该坚持自己的观点，但在一些无所谓的事情上，就不要太较真。

什么事都较真的态度会让别人感到不舒服，会妨

碍你与他人之间的关系。况且，你也未必会赢得你想要的，到头来换来个郁闷而已。

有时候放弃一点“原则”，你会发现退一步海阔天空，大家也会关系融洽。何乐而不为呢?

14. 冲突面前先自省

在冲突面前，你一般表现出怎样的态度？

有两个人凑在一起聊天。

甲说：“新搬来的邻居好可恶，昨天晚上三更半夜、夜深人静之时突然跑来猛按我家的门铃。”

乙说：“的确可恶！你有没有马上报警?”

甲说：“没有。我当他们是疯子，继续吹我的小喇叭。”

无论在学习还是生活中，你都难免与人发生冲突。如果双方都坚持自己是没有错误的，那只会使冲突升级。

如果在冲突面前，先冷静下来反思一下自己有没有不对的地方，也许就会发觉问题出在自己这一边，或者双方都没有错，只是意见相左罢了，这样就会释怀了。

15. 学会改变自己

在分歧面前，有的人总希望对方得到改变，因为这样他会获得一种满足感和成就感。然而，没有人愿意自己被改变，结果事情就会朝着不可调和的方向发展了。

很久很久以前，人类都赤着双脚走路。

有一位国王，一天忽然心血来潮，要到偏远的乡间旅行。结果因为道路崎岖不平，还散布着许多碎石块，硌得国王双脚疼痛难忍，败兴而归。回宫后，气急败坏的国王一边揉着青紫的双脚，一边愤愤不平地下了一道圣旨："把全国的道路都用牛皮铺起来！"

可问题是把全国的牛都杀掉，也不够用来铺路。然而圣旨如山倒，谁敢不从？百姓们只得摇头叹息。

这时，有一位聪明的仆人斗胆向国王进言："与其劳师动众牺牲那么多牛，您何不用两小片牛皮包住自己的双脚呢？"

国王如梦方醒，听从了仆人的建议。

可见，很多时候，只需改变自己，就能达到改变他人所产生的效果。这样还能与对方继续保持融洽的关系，付出的努力也会比去改变对方小得多。

所以，别总是想着去改变别人，与其改变别人，不如改变自己。

16. 站在别人的角度考虑问题

立场不同和所处环境不同的人，往往很难理解对方的感受。

一只小猪、一只绵羊和一头乳牛，被关在同一个畜栏里。

有一次，牧人捉住小猪，它大声号叫，拼命抗拒。

绵羊和乳牛讨厌它的号叫，便说："他常常捉我们，我们并不大呼小叫。"

小猪听了回答道："捉你们和捉我完全是两回事，他捉你们，只是要你们的毛和乳汁，但是捉住我，却是要我的命呢！"

在分歧和冲突面前，站在对方的角度考虑一下，也许就会发现，对方那么做自有他的道理。这样分歧就会消除，冲突也会平息下来。

当你学会站在别人的角度去理解对方时，你就会发现，有的人并不是那么可恨，有的人的确需要关爱，你也会因而变得宽容而富有爱心。

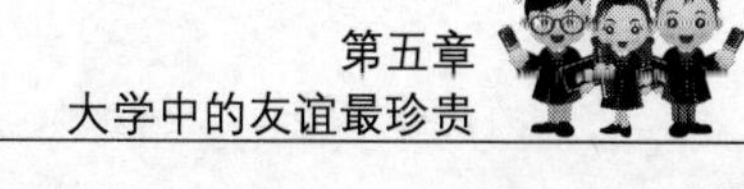

17. 不要盲目崇拜

崇拜源于极度欣赏。当你对一个人极度欣赏时，崇拜也就产生了。

一位著名的诗人最近思路打不开，怎么也冲不出思想的牢笼，于是想到外面寻找灵感。

这一天，他到乡间野外散步，阳光下，忽然远远看见一块牌子掩映在树林里，上书四个大字特别醒目："阳光不锈"。诗人当场呆住了，心想，这是多么有寓意的词语，绝对不是一般人能够想到的。于是，他非常想拜访一下书写这个精辟之极的词语的高人。

等他走近这块牌子，发现被树丛挡住的那部分牌子写着"钢制品厂"。

你欣赏一个人，往往欣赏这个人的某一点，而不是他的全部。就像你被"阳光不锈"震撼，这个人却是"阳光不锈钢制品厂"。

每个人都会有优点，欣赏一个人的优点当然是无可非议的。但不要因为欣赏一个人的某个优点而盲目崇拜对方，除非这人几乎没有缺点，人格高尚，才艺惊人，确实是你学习的榜样。

18. 培养有价值的个性

每个年轻人似乎都愿意被别人评价为有个性。似乎有个性才会显得与众不同，才能彰显价值。

其实未必，个性可以使一个人显得与众不同，但不一定都有价值。有价值的个性具有积极的意义，能够受到欢迎，而不是遭到排斥。

一只斑鸠正在草地上觅食，突然看见猫头鹰飞过来。

斑鸠感到很奇怪，为什么猫头鹰大白天就跑出来了？便问道：“猫头鹰老兄，你怎么这么匆忙，要赶去哪里呀?”

“我正在搬家呢！我要从东边的树林搬到西边的树林去。我的生活是昼夜颠倒的，又喜欢在夜里唱歌，我的个性就是如此。东边的动物都讨厌我，它们嫌我晚上不睡觉，歌声又难听，吵得它们不能安心睡觉，所以就想赶我走。我想搬到西边的树林，说不定情况会有所改善。”猫头鹰苦着脸说。

斑鸠说：“我看你也不用搬到西边的树林里了，因为不久你就会再一次被赶出来。”

“为什么呢?”

斑鸠对着猫头鹰叹口气说：“那是因为你不能认

识到问题的本质，从而去改变它。你可不可以在晚上不要唱歌呢？如果晚上一定要唱歌，能不能唱一些轻柔好听的歌呢？不然，无论你搬到哪里，都不会受欢迎的。”

有些人的所谓个性，只会让人厌恶，比如穿着不修边幅，邋里邋遢；手指上经常夹着一支烟，不管身处何处，都潇洒地喷云吐雾……这样的个性坚持下去，只能成为一些坏习惯。

自我检查一下，你的个性中哪些是积极向上的，哪些是遭人排斥的，去其糟粕，取其精华，才会受益终生。

19. 全面认识他人

仅仅从表面上去认识一个人，是很难做出公正而全面的评价的。

一个心理学教授到疯人院参观，了解疯子的生活状态。一天下来，觉得这些人疯疯癫癫，行事出人意料，可算大开眼界。

想不到准备返回时，他发现自己的车胎被人卸掉了。“一定是哪个疯子干的！”教授这样愤愤地想道，动手拿备胎准备装上。

这时才发现事情严重了，卸车胎的人居然将螺丝也都卸掉了。没有螺丝有备胎也装不上啊！

教授一筹莫展。在他焦急万分的时候，一个疯子蹦蹦跳跳地过来了，嘴里唱着欢快的歌曲。他发现了困境中的教授，停下来问发生了什么事。教授懒得理他，但出于礼貌还是告诉了他。

疯子哈哈大笑说："我有办法！"他从每个轮胎上面卸了一个螺丝，这样就拿到三个螺丝将备胎装了上去。

教授感激之余，大为好奇："请问你是怎么想到这个办法的？"

疯子嘻嘻哈哈地笑道："我是疯子，可我不是呆子啊。"

故事中的疯子，表面上看上去疯疯癫癫，其实脑袋非常聪明。

所以，别轻易对一个人下结论。只有经过深入了解，才能全面地认识一个人。

20. 多听少说

亿万富翁富卡曾说："上帝给了我们两只耳朵，却只给了我们一张嘴是有原因的——我们应该听的比说的多。"

曾经有个小国的人到中国来，献上了三个一模一样的金人作为贡品，皇帝非常高兴。可是这小国的人同时出了一道题目：这三个金人哪个最有价值？皇帝想了许多办法，请来珠宝匠检查，称重量，看做工，都是一模一样的。

怎么办？使者还等着回去汇报呢。泱泱大国，不会连这个小事都不懂吧？最后，有一位退位的老大臣说他有办法。皇帝将使者请到大殿，老臣胸有成竹地拿着三根稻草，插入第一个金人的耳朵里，这稻草从另一边耳朵出来了。第二个金人的稻草从嘴巴里直接掉出来。而第三个金人，稻草进去后掉进了肚子，什么响动也没有。

老臣说："第三个金人最有价值！"

答案正确，使者默默无语。

最有价值的人，不一定是最能说的人。那些能说会道、夸夸其谈的人，未必有真本事。

多听少说，这才是成熟的人的基本素质。

21. 耐心地倾听

人在倾听时，很容易犯一个错误：听到一半就认为已经明白了对方的意思，不但前面说的明白了，连后面没说的，也觉得能猜出要表达什么意思。

美国知名主持人林克莱特一天访问一名小朋友，问他说：“你长大后想要当什么呀?”

小朋友天真地回答：“嗯……我要当飞机的驾驶员!”

林克莱特接着问：“如果有一天，你的飞机飞到太平洋上空所有引擎都熄火了，你会怎么办?”

小朋友想了想说：“我会先告诉坐在飞机上的人绑好安全带，然后我挂上我的降落伞跳出去。”

当现场的观众笑得东倒西歪时，林克莱特继续注视着这孩子，想看他是不是在自作聪明。没想到，接着孩子的两行热泪夺眶而出，林克莱特这才发觉这孩子的悲悯之情远非笔墨所能形容。于是，林克莱特问他说：“为什么要这么做?”

小孩的答案透露出一个孩子真挚的想法：“我要去拿燃料，我还要回来!”

实际上，对于已经说的话，根据经验和常识，你可以判断出真正要表达的意思，但当你用经验和常识推断后面要说的话的意思时，你其实是在主观猜测，把自己的意思强加在别人身上。

你自己的主观判断与别人的客观想法之间总是有差距的，你不可能总是猜对对方要说的话。

所以，听人说话，要耐心地全部听完，这样才不会歪曲说话人的意思，才能真正地理解别人。

22. 不要主观臆断

你看问题犯过“先入为主”的错误吗?

从前有一个人遗失了一把斧头，他怀疑被隔壁的小孩偷走了。于是，他就暗中观察小孩的行动，不论是言语与动作，或是神态与举止，怎么看，他都觉得小孩像偷斧头的人。由于没有证据，所以也就没有办法揭发。隔了几天，他在后山找到了遗失的斧头，原来是自己弄丢了。

从此之后，他再去观察隔壁的小孩，再怎么看也不像是会偷斧头的人。

当你怀疑一个人的时候，千万不要凭主观臆断就下结论，因为这样很容易先入为主，要用事实来论证，这样才会找到事情的真相。

23. 学会克制自己

在学习和生活中，人都难免偶尔陷入这种尴尬的境地：不知怎么回事，突然遭到别人的辱骂。

这时，一般人会立即反唇相讥，高声对骂。这样做只会让自己肝火上升，甚至会让事情由“骂”升级为“打”，而事情也不会得到很好的解决。

寒山是唐代著名的诗人。身为僧侣，他的诗大多富有禅理，令人回味无穷。其中，有一首是这样的：“有人辱骂我，分明了了知。虽然不应对，却是得便宜。”

这首诗所表达的内容，充满了为人处世的睿智。平白无故地被人辱骂，当然很不乐意。但应该知道，这种张口就骂的人，一般都没有修养，没有风度，有什么必要与他们一般见识，争论不休呢？

你不妨把对方看做一只没有修养的驴子，驴子向你嘶叫，你可别也向它嘶叫。你要做的只是漠然面对，置之不理；实在“闪”不过去，再寻找别的解决途径。

24. 别让醉酒成为他人的笑谈

作为成年人，走到哪里都有喝酒的权利了。偶尔喝醉本无可厚非，但千万不要让醉酒成为他人的笑谈。

《晋书·胡母辅之传》里有这样的记载：胡母辅之嗜酒成性，放浪形骸。正所谓近墨者黑，他的朋友，几乎都是酒疯子。

有一次，胡母辅之与一帮狐朋狗友在家饮酒，饮到兴头时，众人纷纷脱光衣服，赤身裸体地疯饮起来。这时候，他的另一朋友来访，却进不得门，闻到室内酒气阵阵，遂酒瘾大发，无奈之下，就爬进狗洞朝房子里嘶声啸叫："辅之，快拿酒来，我要喝酒！"辅之欢笑，呼入与共饮。

晋代的所谓"八达"、"八伯"等人，其实多为名士，由于他们终日沉浸于酒中，始终无所作为。

同学来了，朋友来了，把酒当歌，醉了也是一种境界。而如果你失恋了，或者遭遇别的挫折，也通过买醉来宣泄自己，麻木自己，不但得不到别人的同情，还会遭到别人的耻笑。

经常买醉的人，会被称为"酒鬼"。这种人明显自制力差，而且不求上进。醉酒是不会解决什么问题的，除了让你在虚幻状态中体会一下满足感和成就感，没有任何价值。你花钱买醉，别人却免费得到了笑料，这是多么的不值。

第六章
爱，也要去学习

“谁要是不会爱，谁就不能理解生活。”

——前苏联作家高尔基

1. 爱是一种责任

爱是一种责任。因为有爱，一个人会变得强大，会甘心去呵护别人。

5岁的汉克和爸爸妈妈哥哥一起到森林干活，突然间下起雨来，可是他们只带了一块雨披。爸爸将雨披给了妈妈，妈妈给了哥哥，哥哥又给了汉克。

汉克问道："为什么爸爸给了妈妈，妈妈给了哥哥，哥哥又给了我呢?"

爸爸回答道："因为爸爸比妈妈强大，妈妈比哥哥强大，哥哥又比你强大呀。我们都会保护比较弱小的人。"

汉克左右看了看，跑过去将雨披撑开来挡在了一朵在风雨中飘摇的娇弱小花上面。

不要随随便便去爱，当你要去爱一个人的时候，先想想能否承担起对对方的责任?

不要看到别人在谈恋爱，自己也赶时髦凑热闹去爱，把谈恋爱作为生活的调剂。如果抱着一场游戏一场梦的态度，你可能永远都找不到真爱。

2. 爱是同甘共苦

别以为爱得轰轰烈烈才是爱情，真正的爱是细水长流，彼此滋润对方；是马拉松式的同甘共苦、相濡以沫。

一天，一个男孩对一个女孩说："如果我只有一碗粥，我会把一半给我的母亲，另一半给你。"小女孩喜欢上了小男孩。那一年他12岁，她10岁。

过了10年，他们的村子被洪水淹没了，他不停地救人，有老人，有孩子，有认识的，有不认识的，唯独没有亲自去救她。当她被别人救出后，有人问他："你既然喜欢她，为什么不救她?"他轻轻地说："正是因为我爱她，我才先去救别人。她死了，我也不会独活。"于是他们在那一年结了婚。那一年他22岁，她20岁。

后来，全国闹饥荒，他们同样穷得揭不开锅，最后只剩下一点点面了，她做了一碗汤面。他舍不得吃，让她吃；她舍不得吃，让他吃！三天后，那碗汤面发霉了。当时，他42岁，她40岁！

因为祖父曾是地主，他受到了批斗。在那段年月里，"组织"上让她"划清界线、分清是非"，她说："我不知道谁是人民内部的敌人，但是我知道，他是好人，他爱我，我也爱他，这就足够了！”于是，她陪着他挨批、挂牌游行，夫妻二人在苦难的岁月里接受了相同的命运！那一年，他52岁，她50岁！

许多年过去了，他和她为了锻炼身体一起学习气功。这时他们调到了城里，每天早上乘公共汽车去市中心的公园。当有个青年人给他们让座时，他们都不愿坐下而让对方站着。于是两人靠在一起手里抓着扶手，脸上都带着满足的微笑，车上的人竟不由自主地全都站了起来。那一年，他72岁，她70岁。

她说：“10年后如果我们都死了，我一定变成他，他一定变成我，然后他再来喝我送他的半碗粥！”

70岁的风尘岁月，这就是爱情。

真正相爱的人，会把对方视为自己生命的一部分，会甘心一辈子为对方而存在。没有什么样的困难和诱惑能把两人分开。

如果你爱上一个人，先想想自己能爱对方多久。在将来的环境中，当你遇上比对方更优秀更漂亮的异性时，你还会一如既往地爱对方吗？

先把这个问题想好了，然后再决定爱不爱吧。

3. 爱是给予

爱的本质是给予，男女之间的爱同样如此。

从前有一棵树，她好爱一个小男孩。每天男孩都会跑来，收集她的叶子，把叶子编成王冠，扮演森林里的国王。男孩会爬上树干，抓着树枝荡起秋千，吃吃苹果。他们会一起玩捉迷藏，玩累了，男孩就在她的树荫下睡去。男孩好爱这棵树！树也好快乐！

日子一天天过去……男孩长大了，树常常好孤单……

有一天男孩来到树下，树说："来啊，孩子，来，爬上我的树干，抓着我的树枝荡秋千，吃吃苹果，在我的树荫下玩耍，快快乐乐的。"

"我不是小孩子了，我不要爬树和玩耍。"男孩说，"我要买东西来玩，我要钱。你可以给我一些钱吗?"

"真抱歉，"树说，"我没有钱。我只有树叶和苹果。孩子，拿我的苹果到城里去卖。这样，你就会有钱，你就会快乐了。"

于是男孩爬到树上，摘下她的苹果，把苹果通通带走了。

树好快乐。

男孩好久没有再来……树好伤心。

有一天男孩回来了，树高兴得发抖，她说："来啊，孩子，爬上我的树干，抓着我的树枝荡秋千，快快乐乐的。"

"我太忙了，没时间爬树。"男孩说。

"我想要一间房子保暖。"男孩又说，"我想要妻子和小孩，所以我需要房子，你能给我一间房子吗?"

“我没有房子，”树说，“森林就是我的房子，不过你可以砍下我的树枝去盖房子，这样你就会快乐了。”

于是男孩砍下了她的树枝，把树枝带走去盖房子。

树好快乐。

男孩好久都没有再来，所以当男孩再回来时，树快乐得几乎说不出话来。“来啊，孩子，”她轻轻地说，“过来，来玩啊！”

“我又老又伤心，玩不动了。”男孩说，“我想要一条船，可以带我离开这里，你可以给我一艘船吗?”

“砍下我的树干去造船吧！这样你就可以远航，你就会快乐。”树说。

于是男孩砍下她的树干造了条船，坐船走了。

树好快乐，心底也涌起了一丝忧伤。过了好久好久，那男孩又回来了。

“我很抱歉，孩子，”树说，“我已经没有东西可以给你了……”

“我的苹果没了。”

“我的牙齿也咬不动苹果了。”男孩说。

“我的树枝没了，你不能在上面荡秋千……”树说。

“我太老了，没有办法在树枝上荡秋千。”男孩说。

“我的树干没了，你不能爬……”树说。

“我太累了，爬不动的。”男孩说。

“我真希望我能给你什么……可是我什么也没了。我只剩下一块老树根。我很抱歉……”

“我现在要的不多，”男孩说，“只要一个安静可以休息的地方。我好累好累。”

“好啊!”树一边说，一边努力挺直身子，“正好啊，老树根是最适合坐下来休息的。来啊，孩子，坐下来，坐下来休息。”

男孩坐了下来，树好快乐……

这个故事首先让人想到的是伟大的母爱。母爱是无私的，倾尽自己的所有给了自己的孩子，并为此感到很快乐。

那个小男孩，是否让你看到了自己的身影？只想着从父母那里索取，却没想想怎样报答，以至于把索取当成了一种习惯。其实，在你成年之后，父母完全可以不再像以前那样无私地给予。只是因为爱，他们一次又一次满足着你索取的欲望……

如果你要恋爱，先想想能给予对方什么，而不是处心积虑从对方那里得到什么。

不然，这样的爱情很难持久，到头来只会留下伤痛。

4. 爱是一种能力

爱是一种能力，有时候能体现出金钱的力量，甚至能办到金钱办不到的事情。

这是发生在英国的一个真实故事。

有位孤独的老人，无儿无女，又体弱多病。他决定搬到养老院去。老人宣布出售他漂亮的住宅。购买者闻讯蜂拥而至。住宅底价为 8 万英镑，但人们很快就将它炒到了 10 万英镑。价钱还在不断攀升。老人深陷在沙发里，满目忧郁。是的，要不是健康不允许，他是不会卖掉这栋陪他度过大半生的住宅的。

一个衣着朴素的青年来到老人眼前，弯下腰，低声说：“先生，我也好想买这栋住宅，可我只有 1 万英镑。可是，如果您把住宅卖给我，我保证会让您依旧生活在这里，和我一起喝茶，读报，散步，天天都快快乐乐的——相信我，我会用整颗心来照顾您！”

老人颔首微笑，把住宅以 1 万英镑的价钱卖给了他。

可见，爱是一种能力，而这种能力能力需要的只是一颗真诚的心。

5. 爱心总有回报

心中有爱的人，会把关爱别人当做理所当然的事，并为此感到快乐。

一天夜里，已经很晚了，一对年老的夫妻走进一家旅馆，他们想要一个房间。前台侍者回答说："对不起，我们旅馆已经客满了，一间空房也没有剩下。"看着这对老人疲惫的神情，侍者不忍心让这对老人在深夜出门另找住宿的地方，而且在这样一个小城，恐怕其他的旅店也早已客满打烊了，这对疲惫不堪的老人岂不是要在深夜流落街头？好心的侍者将这对老人引领到一个房间，说："也许它不是最好的，但现在我只能做到这样了。"老人见眼前其实是一间整洁又干净的屋子，就愉快地住了下来。

第二天，当他们来到前台结账时，侍者却对他们说："不用了，因为我只不过是把自己的屋子借给你们住了一晚——祝你们旅途愉快！"原来如此。侍者自己一晚没睡，他就在前台值了一个通宵的夜班。两位老人十分感动。老头儿说："孩子，你是我见到过的最好的旅店经营人。你会得到报答的。"侍者笑了笑，说这算不了什么。他送老人出了门，转身接着忙自己的事，把这件事情忘了个一干二净。没想到有一天，侍者接到了一封信函，打开一看，里面有一张去纽约的单程机票并有简短附言，聘请他去做另一份工作。他乘飞机来到纽约，按信中所标明的路线来到一个地方，抬眼一看，一座金碧辉煌的大酒店耸立在他的眼前。原来，几个月前的那个深夜，他接待的是一个有着亿万资产的富翁和他的妻子。富翁为这个侍者买下了一座大酒店，深信他会经营管理好这个大酒店。这就是全球赫赫有名的希尔顿饭店首任经理的传奇故事。

有些人并不是为了获得什么回报才去关爱别人，可往往总是获得好的回报。因为感激是人的天性，虽然对方可能不会给你像故事中那样贵重的回报，但他会给你一个微笑、一个眼神，虽然微不足道，却充满了谢意和祝福。

传播你的爱，这世界会为此变得更加美好。

6. 爱心可以激发潜能

激发潜能的方式有很多种，爱是神奇而有效的一种。

一位少妇走在回家的路上，马上要到家时，习惯地看了一下四楼自家的阳台——可爱的儿子也正在阳台上期待着妈妈回来。当看到妈妈时，儿子开始招手，这时少妇也有意识地招手。突然少妇意识到这样可能会有危险而想要劝阻，但已经晚了，儿子由于要迎妈妈，身体前倾，突然失去平衡，从阳台上掉了下来。这时房间里的人惊呆了，纷纷跑到阳台上呼叫。再看妈妈，当发现儿子掉下来，就奋不顾身地去救儿子，也许是感动了上帝，儿子被妈妈接住了，并且安然无恙。人们都觉得很奇怪，一个少妇怎么跑得那样

快，并能接住自己的儿子？因为当时少妇跑的速度应该已打破了百米世界纪录。

后来人们找百米世界冠军做了一个试验：同样的距离，从阳台上掉下同样重量的物体，看能否接得住。结果是无论如何也接不住。再让这位少妇试，结果也是再也没有看到打破百米世界纪录的速度。

可见，爱能激发出你生命中的潜能。

你爱学习，就会全身心投入到学习中去；你爱生活，就会想方设法把生活打理得丰富多彩；你爱一个人，就会好好表现自己。

人心中没有了爱，就失去了激情；没有了激情，就成了一截枯木，慢慢等待着腐朽。

7. 让爱成为动力

身为大学生，也到了恋爱的年龄。如果爱上一个人，不妨大胆去爱。

他跟她一见面，就觉得自己爱上她了。

她是同学的表妹，从另一所大学赶过来玩。同学请客吃饭，让他作陪。他很内向，平时就很少跟女生说话，这次紧张得脸都红了。

他们聊起了高考分数，他的脸更红了，因为他学习成绩不是很好，如果不是占了地域优势，他根本进不来这所大学。

同学给他倒了一杯白酒，他推辞说喝不了，确实，他以前从未喝过白酒。

这时她微笑着盯着他说：“你能行。”

他端起酒杯，一仰头喝了。奇怪，他竟然没醉。

从此，同学发现他像变了个人似的，竟然像高中时那样废寝忘食地学起习来，而且言谈举止变得像个绅士。

他的毕业成绩非常优异，而且英语过了六级，这是他从前根本不敢想的事。

他终于鼓起勇气，向同学问起他表妹。同学说：“那天我带回来的糖，就是她的喜糖，她跟男朋友订婚了。”

他一下就怔住了，嘴里又泛起那天糖的味道，又苦又甜。

恋爱要保持清醒的头脑。有的爱是永远没有结果的，如果你割舍不了那份爱，不妨将它珍藏在心底，让它成为美好的记忆。

如果对方拒绝你的爱，说明你与对方的要求是有差距的。不要沮丧，更不要破罐子破摔，让你的爱成为学习和生活的动力，提升各方面的素质，也许就会赢得对方的心。

如果对方还是拒绝你，也没什么，因为你越来越成熟、有魅力，总有一个人会爱上你。

8. 爱情需要专注

什么是美满幸福的婚姻?

答案是：两个人彼此相爱一生一世。

林语堂与廖翠凤，堪称夫妻中的楷模。

在当时的文化名人中，不乏抛弃旧家庭的发妻而另找时髦知识女性的，而林语堂几十年如一日地对待出身于旧式家庭中的妻子廖翠凤。他说：“婚姻生活如渡大海，风波是有的，但要看怎么去处理。女人美不在于脸孔上，是在心灵上。当你失败了，她鼓励你；当你遭诬陷了，她仍相信你……这样的她才是真正美的。”

廖翠凤爱整洁，常常盯着林语堂说：“堂啊，你的鼻毛该剪了，你的牙齿让香烟熏黑了，要多用牙膏刷刷；你今天该理发了……”当廖翠凤不顾林语堂忙于写作，而将吸尘器像坦克一样轰隆隆地驶进每一个房间时，林语堂则跳着脚：“哎呀，凤啊，等我写完了再清理书房，可以吗?”

怎样做个好丈夫？林语堂认为，就是在太太喜欢的时候，你跟着喜欢；但在太太生气的时候，你不要跟着生气。

在他们之间，哪怕为某事发生争执，也像相声一样有趣。

1969年，是林语堂和廖翠凤的金婚年，林语堂给廖翠凤一个手镯。手镯上刻着若艾利著名的诗《老情人》：

同心如牵挂，一缕情依依。

岁月如梭逝，银丝鬓已稀。

幽冥倘异路，仙府应凄凄。

若欲开口笑，除非相见时。

对于爱，他们的总结只有两个字："给"和"受"。只是给予，不在乎得到，才是完美的婚姻。

林语堂是大学教授，而廖翠凤既不爱打扮、赶时髦，也不懂林语堂嗜之如命的哲学、文学，但这些都不妨碍他们做一对相敬如宾的好夫妻。

爱是给予，婚姻需要包容。在遭遇爱情的挫折时，不要以为更换了对象就会找到真正的爱情。换来换去，永远无法打破爱的"宿命"。

所以，如果你想恋爱，就要选准对象，真诚而专注地去爱对方。

9. 找一个终生拥抱你的人

爱的产生往往是一瞬间的事。短时间之内上演一场轰轰烈烈的爱情并不难，难的是相爱一辈子。

有一个人因为生意失败，迫不得已变卖了新购置

的住宅，而且连他心爱的小跑车也卖了，改以电动单车代步。

有一日，他和太太一起约了几对私交甚笃的夫妻出外游玩，其中一位朋友的新婚妻子因为不知详情，见到他们夫妇共乘一辆电动单车来到约定地点，便脱口而出："为什么你们骑电动单车来？"众人一时愕然，场面变得很尴尬，但这位妻子不急不缓地回答："我们骑电动车，因为我想抱着他。"

人的一生不可能一帆风顺，有得意的时候，也有失意的时候。失意时，便是考验爱情的时候。这时候如果对方仍然一如既往地信任你、支持你，你就是最幸福的人。

找一个终生拥抱你的人有点难，但这应成为你努力的目标。

10. 志同道合才会爱得浪漫

教室，图书馆，都是容易迸出爱情火花的地方。

如果仅仅是因为对方很有气质或很漂亮而爱上对方，这样的爱情不进行下去也罢。如果因为志同道合而彼此吸引，这样的爱情就应该好好珍惜。

梅林达·弗兰奇，生于美国达拉斯市一个中产阶级家庭，从小就聪慧好学。1987年，她获得杜克大学的计算机和经济学双学士学位。第二年，梅林达又拿下杜克商学院的工商管理硕士学位。毕业后，精明能干的梅林达加入了微软公司。

梅林达在软件销售上表现出了卓越的才能，虽然她并不特别漂亮，但仍然引起微软老板盖茨的注意。盖茨和梅林达都是工作狂，两人都喜欢下班后在办公室加班。每天，盖茨从自己的办公室窗口望出去，正好可以看见梅林达。一天，他终于来到梅林达的办公室，鼓足勇气对她说："请你永远为我点亮这盏灯！"从此，两人开始正式交往，而办公室就是他们经常约会的地方。

两人关系中具有决定性的一刻同样发生在办公室里。这天，梅林达鼓起勇气穿了一件特别的T恤来到盖茨的办公室，上面写着"娶我吧，比尔"。终于，在1994年新年这一天，夏威夷的一间教堂里响起了两人结婚的钟声。

因为志同道合，爱情会更加牢固；反过来讲，因为有爱情做后盾，事业会有更好的发展。

能爱上一个志同道合的人，真是人生一大幸事。

11. 不要陷入感情的泥潭

爱情是甜蜜的，但更多的时候是痛苦的。

一大早上，一位妈妈在厨房清洗早餐的碗碟。她4岁的孩子正自得其乐地在沙发上玩耍。

不久，妈妈听到孩子的啼哭声。究竟发生什么事了？妈妈还没有将手抹干，就冲出去看孩子去了哪里。

原来，孩子仍坐在沙发上，但是，他的手却插进了放在茶几上的花樽里。花樽是上窄下阔的一款，所以，他的手伸了进去，但拔不出来了。母亲用了不同的办法，想把卡着的手拿出来，但都不得要领。

妈妈开始焦急起来，她稍用力一点，小孩子就痛得哇哇大叫。在无计可施的情况下，妈妈想了一个下策，就是把花樽打碎。可是她又犹豫了，因为这个花樽不是普通的花樽，而是古董。不过，为了儿子的手能够拔出，这是唯一的办法了。结果，她忍痛将花樽打破了。

虽然损失不菲，但儿子平平安安，妈妈也就不太计较了。她叫儿子将手伸给她，看看有没有损伤。虽然孩子完全没有任何皮外伤，但他的拳头仍是紧握住无法张开。是不是抽筋呢？妈妈又惊慌失措了。

原来，小孩子的手不是抽筋。他的拳头张不开，是因为他紧抓着一个十元硬币。他是为了拾这个硬币，所以手才卡在花樽的口内。小孩子的手拔不出来，其实，不是因为花樽口太窄，而是因为他不肯放手。

当你爱上一个人并勇敢地去爱时，刚开始可能一帆风顺，你以为会渐入佳境；但可能一段时间后麻烦就会出现了——对方开始对你冷淡，或者是对方不再爱你，或者是对方爱上了别人。你会为此感到痛苦，希望对方能够回心转意，但当事与愿违时，你感到痛不欲生。

如果事情到了这一步，你就应该放弃。如果你仍然坚持那份无望的爱情，就像故事中握着十元硬币拔不出手来的小男孩，你就会陷进感情的泥潭而无法自拔。即使你终于醒悟过来，付出的代价也是打碎了价值不菲的花樽——荒废了学业。

你不值得陷入感情的泥潭，该放弃时就果断放弃。因为总会有一份属于你的爱情在等待着你。

12. 爱情要随缘

爱情要随缘。

你跟心仪的人在大学里相识了，是一种缘分；你们彼此相爱，也是一种缘分；你们最终不能走到一起，也是一种缘分。

从前有个书生，和未婚妻约好在某年某月某日结婚。到了那一天，未婚妻却嫁给了别人。书生受此打击，一病不起，且病情日重，家人用尽各种办法都无法医治好他。这时，路过一游方僧人，得知此情况，

决定点化一下他。

僧人来到他床前，从怀里摸出一面镜子叫书生看。书生看到茫茫大海，一名遇害的女子一丝不挂地躺在海滩上。走过来一个人，看一眼，摇摇头，走了……又走过来一个人，将衣服脱下，给女尸盖上，走了……又走过来一个人，过去挖个坑，小心翼翼把尸体掩埋了……

疑惑间，画面切换，书生看到自己的未婚妻，洞房花烛，被她丈夫掀起盖头的瞬间……

书生不明所以。僧人解释道："那具海滩上的女尸，就是你未婚妻的前世。你是第二个路过的人，曾给过她一件衣服。她今生和你相恋，只为还你一个情。但是她最终要报答一生一世的人，是最后那个把她掩埋的人，那人就是她现在的丈夫。"

书生大悟，刷地从床上坐起，病愈！

抱着一种随缘的心态，你就不会为失恋而痛不欲生。既然不能做那个给对方归宿的人，那就做那个给对方一件衣服的人。

如果你们相识一场而不能做爱人，那做事业上相互扶持的朋友也不错。

13. 放弃是一种智慧

爱情在很多时候是狂热的，也是盲目的。

有一种鱼，名字叫马嘉鱼，长着银色的表皮，燕子一样的尾巴，眼睛又圆又亮。它们平时生活在深海中，春夏之交会溯流而上，随着海潮漂游到浅海去产卵。渔人捕捉马嘉鱼的方法很简单：找一个孔目粗疏的竹帘，在竹帘的下端系上铁块，放入水中，用两只小艇拖着，拦截鱼群。第一次听说这种捕鱼方式的人都感到不可思议，认为简直就是天方夜谭，除非所有的马嘉鱼都瞎了眼睛自己往上撞，否则这些人一只也逮不到。但是，当看到渔民将一船一船的马嘉鱼拉回港口的时候，才不得不相信这样真的有效。原来，这种马嘉鱼的“个性”很强，不爱转弯，总是一往无前，即使闯入罗网也不会停止。所以一只只前仆后继地陷入竹帘孔中，帘孔随之收紧。孔愈紧，马嘉鱼愈是愤怒，每每这时它们就会瞪起圆圆的眼睛，张开背鳍，更加拼命往前冲，结果一只只马嘉鱼被竹帘牢牢地卡死，为渔人所获。

有时候你就像马嘉鱼，一旦认准了恋爱的对象，就一往无前，不管自己的经济能否撑得住（在爱情面前谈经济，有点儿俗，但却是事实），不管竞争多么激烈，都非要追到手不可。

你有可能功败垂成，也有可能成为最后的胜利者。这时你可能会发现，花费了那么多精力和财力，收获的只是一场风花雪月的故事，或者对方竟然不适合自己；你苦苦追求的，竟然不是对方，而是一口气。

追一个人需要智慧，及时放弃，更是一种智慧。

14. 时间与爱

只有时间才能理解爱有多么伟大，这是条颠扑不破的真理。

从前有一个小岛，上面住着快乐、悲哀、知识和爱，还有其他各类情感。

一天，情感们得知小岛快要下沉了，于是，大家都准备船只，离开了小岛。只有爱留了下来，她想要坚持到最后一刻。

过了几天，小岛真的要下沉了，爱想请人帮忙。

这时，富裕乘着一艘大船经过。

爱说："富裕，你能带我走吗?"

富裕答道："不，我的船上有许多金银财宝，没有你的位置。"

爱看见虚荣在一艘华丽的小船上，说："虚荣，帮帮我吧!"

"我帮不了你，你全身都湿透了，会弄坏了我这漂亮的小船。"

悲哀过来了，爱向她求助："悲哀，让我跟你走吧!"

"哦……爱，我实在太悲哀了，想自己一个人呆一会!"悲哀答道。

快乐走过爱的身边，但是她太快乐了，竟然没有听到爱在叫她！

突然，一个声音传来："过来！爱，我带你走。"

这是一位长者。爱大喜过望，竟忘了问他的名字。登上陆地以后，长者独自走开了。

爱对长者感恩不尽，问另一位叫知识的长者："帮我的那个人是谁？"

"他是时间。"知识老人答道。

"时间？"爱问道，"为什么他要帮我？"

知识老人笑道："因为只有时间才能理解爱有多么伟大。"

爱情是需要通过时间来验证的，能经受住时间考验的爱情，才是伟大的爱情。

所以，大学里谈恋爱未尝不可，但最好别急着结婚。

保持一种恋爱关系并用时间来检验，你才会收获真正的爱情。别以为一张结婚证会把恋爱关系稳定下来，心一旦飞走了，结婚证也束缚不住。

15. 尊重爱你的人

被人爱是一种幸福。

即使你不爱对方，也要尊重对方。这是最起码的

道德，因为每个人都有爱的权利。

因为在与同宿舍同学打牌中受到语言嘲笑而对同学痛下杀手的马加爵在他的自白书中这样写道：

“……大学很多男生都在大胆地追求自己喜欢的女孩子。很多男生都谈恋爱了。我在这种氛围下加上几个同学的怂恿，也大胆地写了一封情书，交给了我暗恋许久的一个女孩子。由于我的模样不好看，加上又没钱，人显得很土气内向，那女生毫不留情地当着许多人的面，把我那封用真心诚挚镌刻成的信，撕个粉碎。我只是内心痛苦。我也并没有怨恨谁。我只觉得自己确实条件不行配不上她，我对父母也是这么说的。我有自知之明，我不谈恋爱，况且大学生应该以学业为重。

“时间过的很快，快到大学毕业了，只剩一个学期就毕业了。最后一个寒假，我依旧没有回家，依旧在昆明做苦力。离开学还有几天，有些同学提前来学校了。大家可能都是为了找工作所以提前回学校。我很开心，因为整个寒假我一个人多么孤寂！我不怕吃苦，但是人是很怕寂寞的。当我看到同学们时我很热情。他们为了打发时间约我打牌，我很乐意地接受了。其实我们原来也经常玩牌的。其实无需掩饰，我智商真的比较高，所以打牌经常赢。几个同学都怀疑我作弊，我坚持说没有。谁知道那三个我自以为平时没有歧视过我的同学，以为一直平等对我的同学，竟然恶语伤我，蹂躏我的人格，还揭了我以前的许多伤疤，包括那女生撕毁我情书的事情。什么苦楚什么贫苦什么艰辛的生活，我可以忍受。其他人歧视蔑视我，我都可以忍受。可是我这几个平时稍微好点的同学，竟然这样残酷无情地践踏、蹂躏我的人格尊严。原来每个人长期以来一直这样凶悍地歧视我、残忍地嘲笑我，我的心很痛，我的泪悄悄地落下了。我是一个坚强的人，我不曾被艰辛贫苦的生活打败。可是当我的人格尊严被人糟蹋得不成样子的时候，当我的过去的伤痛被人再次拿出来嘲讽的时候，我的心滴血了。践踏我的竟然还是平时关系稍微好点的同学以及老乡，我在这种氛围下再也难以立足了。是他们残忍地对我，是他们不给我活路，他们没有给我留后路，他们淋漓尽致地侮辱完我后，居然还那样嚣张与快乐。因为他们生活条件还是比较好的，他们还有资本去玩女孩子。我伤痛的心找不到归处，总浮现出他们淋漓尽致侮辱我的样子。我没有退路了，我决定玉石俱焚。我决定给那些歧视穷苦人、蔑视穷苦人的人一个教训，我决定给那些无情践踏、残忍蹂躏穷苦人人格尊严的人一个教训。我本来习惯被人歧视、被人蔑视的，可是这次他们表现得实在是太淋漓尽致了，他们嘲讽时刻的无情、他们侮辱时刻的可恶面孔，让我下定了决心。终于我买了一把石锤，结束了他们几个人的生命……”

有没有想过，羞辱一个爱你的人，对方是怎样的心情？

如果马加爵爱的那个女生不当众撕毁马加爵用真心诚挚镌刻成的情书，就不会有那几个平时对他还不错的同学和老乡把这事揭露出来挖苦和嘲讽他，马加爵就可能不会痛下杀心。

去尊重爱你的人吧。因为对方是人，你要尊重；因为对方爱你，你更要尊重。

爱一个人没有错，不尊重爱你的人却是一个天大的错误。

16. 爱心会改变命运

每个人心里都有一眼爱泉，只是有的已经不再喷涌了。

有人说，我自己都顾不过来，还怎么去关爱别人呀？有人说，这世界需要关爱的人太多了，我关爱不过来呀！

但这并不能成为漠然处世的理由。

一个人到墨西哥旅游，一天黄昏，他在一个海滩漫步，忽然看见远处有一个人在跳舞。走近些时，发现原来是一位土著人在沙滩上拾起一些东西，然后用力地抛到海里去，并且重复不停地把拾起的东西抛到海里。

再走近些时，他看清楚了，原来这土著人在不停地拾起由潮水冲到沙滩上的海星，逐只用力地把它们抛回大海去。

他于是好奇地走上前对土著人说：“晚安！朋友，我不明白你在干什么。”

那人说：“我在把这些海星抛回海里。你看，现在正是退潮，海滩上这些海星全是给潮水冲到岸上来的，很快这些海星便会因缺氧而死！”

“我明白。不过这海滩有数不尽的海星，成千上万只，你有能力把它们全部送回大海吗？即使你真能做到，试想，这海岸有过百个海滩，你又怎能有工夫去处理呢？你可知道你的所作所为的作用不大啊！”

土著人微笑着，继续拾起另一只海星，一边抛一边说：“但起码我改变了这只海星的命运呀！”

也许你没有能力去关爱所有的人，但你有能力奉献一点点爱心。别吝啬你的爱，你的一点点爱心，有时真的能改变一个人的命运。

17. 小心网恋的陷阱

MSN、QQ的诞生，标志着通讯技术的进步。从网上语音聊天到视频聊天，再到3G，通信变得越来越方便和直观。网上聊天、交友，曾一度风靡世界，但也由此出现了不少问题，很多犯罪分子就利用了这一工具，致使强奸、谋杀、抢劫案件时有发生。

近年来，日本网络和无线通信业发展迅速。目前，日本1.27亿公民中有近半数使用具有无线上网功能的手机。与此同时，一些不法分子也瞄准了这一领域，利用网上交友进行非法性交易活动，诱惑涉世未深的少女落入陷阱。

据日本警察厅公布的统计数据报道，2003年，日本因网上交友引发的犯罪案件多达1746起，创历年来最高纪录。通过网上交友引发的罪案中，强奸、谋杀和抢劫等暴力犯罪有137起，比2002年增加了37%。

MSN、SKYPE、QQ就是一种即时通讯工具，能不能用好这个工具，全在自己把握。使用的时候，切记不要泄露自己的隐私，更不要深陷于不切实际的网络恋情，以免受骗上当。

别无谓地冒险，这不值得。

18. 爱情在别处

一个人进入大学时代，也就到了恋爱的年龄，但你的爱情，就一定局限在大学里吗？

一位在县城里读中学的男孩对他父亲说：“爸，

本人看上一个女生，漂亮、聪慧、好学，我能跟她结婚吗?”

父亲说：“好啊，你能看上她，她看上你了吗?”

男孩自豪地说：“她也看上我了。”

“那很好，你能被一个女生看中，说明你很了不起；你能看中一个女生，说明你的眼界开阔了。如果你想到市里发展，你将来就应该在市里去解决这个问题；如果你想到省里发展，你应该到省里解决这个问题；如果你想到北京发展，你应该到北京解决这个问题；如果你想到国外发展，你应该在国外决这个问题。”

男孩想了想说：“那我就等等再说吧。”

这位聪明的父亲用幽默的方式，给了儿子一个重要的人生忠告。

米兰·昆德拉曾说：生活在别处。套用这句话：爱情在别处。

如果你的志向是出国留学，将来做世界500强的CEO，你何必急着在高校里恋爱呢?

爱情在别处，你的人生也许将因此更加精彩。

第七章
提早为工作做好心理准备

“你要追求工作，别让工作追求你。”

——美国科学家、政治家富兰克林

1. 挖一口自己的井

毕业后从事什么样的工作，这个问题你想过吗？

有两个和尚分别住在相邻的两座山上的庙里。这两座山之间有一条溪，这两个和尚每天都会在同一时间下山去溪边挑水，久而久之他们成了好朋友。

就这样，时间在每天挑水中不知不觉已经过了5年。突然有一天左边这座山的和尚没有下山挑水，右边那座山的和尚心想："他大概睡过头了。"便不以为意。

哪知道第二天左边这座山的和尚还是没有下山挑水，第三天也一样，过了一个星期还是一样。直到过了一个月，右边那座山的和尚终于坐不住了，他心想："我的朋友可能生病了，我要过去拜访他，看看能帮上什么忙。"

于是他便爬上了左边这座山，去探望他的老朋友。

等他到了左边这座山的庙里，看到他的老友之后大吃一惊，因为他的老友正在庙前打太极拳，一点也不像一个月没喝水的人。他很好奇地问："你已经一

个月没有下山挑水了，难道你可以不用喝水吗?”

左边这座山的和尚说：“来来来，我带你去看。”于是他带着右边那座山的和尚走到庙的后院，指着一口井说：“这五年来，我每天做完功课后都会抽空挖这口井，即使有时很忙，也不间断，能挖多少就算多少。如今终于让我挖出井水，我就不用再下山挑水，可以有更多时间练我喜欢的太极拳了。”

有人会说：“找到什么样的工作算什么工作呗，又不是我想从事什么职业，老板就会聘用我。”说这话的人，肯定除了学习大学课程外，懒得学习新东西。而对未来职业有清晰目标的人，肯定在学习大学课程的同时，自己有意识地学习需要的东西。前一种人，就像只知挑水的和尚；后一种人，就是那个每天挑完水后到后院挖井的人。

大学课程只会教你一部分，而不是全部的知识。要想挖一口自己的井，就得多学点儿将来需要的东西。

2. 机会属于跑得快的人

当今大学生就业竞争异常激烈，怎样做才能在竞争中取胜，找到一份好的工作呢?

有两个人去森林里探险，遇到了一只大老虎。

甲赶紧从背后取下一双更轻便的运动鞋换上。乙急得不知所措，骂道：“你干吗呢，再换鞋也跑不过老虎啊!”

甲说：“我只要跑得比你快就好了。”

要想跑得快，就得蹬上一双轻便的跑鞋。这双跑鞋意味着什么呢？概括起来说，就是知识和能力。

你准备好自己的跑鞋了吗？请珍惜时光，好好学习吧。

3. 请相信自己的价值

当下，大学生就业压力越来越大，相信每个去过招聘会的人都深有感触：人山人海，摩肩接踵，把人的自信心似乎都挤没了。

在一次讨论会上，一位著名的演说家没讲一句开场白，手里却高举着一张20美元的钞票，面对会议室里的200个人问：“谁要这20美元?”一只只手举了起来。他接着说：“我打算把这20美元送给你们中的一位，但在这之前，请准许我做一件事。”他说着将钞票揉成一团，然后问：“谁还要?”仍有人举起手来。

他又说："那么，假如我这样做又会怎么样呢?"他把钞票扔到地上，又踏上一只脚，并且用脚碾它。尔后他拾起钞票，钞票已变得又脏又皱。

"现在谁还要?"还是有人举起手来。

"朋友们，你们已经上了一堂很有意义的课。无论我如何对待那张钞票，你们还是想要它，因为它并没贬值，它依旧值20美元。人生路上，我们可能会无数次被逆境击倒、欺凌甚至碾得粉身碎骨。由此我们可能会觉得自己似乎一文不值。但无论发生什么，或将要发生什么，在上帝的眼中，我们永远不会丧失价值。在他看来，无论肮脏或洁净，衣着齐整或不齐整，我们依然都是无价之宝。"

如果你经过一次应聘就找到了工作，那你是幸运的；如果你经过一次应聘就找到了想要的工作，那你是幸福的!

然而，大多数人却是失望的，投简历，杳无音信，或终于有一个面试的机会，却不是自己想进的单位……

这时，你要相信自己的价值。就像故事中的20美元，虽然屡遭践踏，但却不会贬值——你虽然遭受冷落，但这是社会大环境决定的，可以说不是你的错，你仍然具有价值。

相信自己，坚持找下去，你总会找到一份自己想要的工作。

4. 尺有所短寸有所长

屈原《卜居》："夫尺有所短，寸有所长，物有所不足。智有所不明，数有所不逮，神有所不通。"

一位挑水夫有两个水桶，分别吊在扁担的两头，其中一个桶有裂缝，另一个则完好无缺。在每趟长途的挑运之后，完好无缺的桶子，总是能将满满一桶水从溪边送到主人家中，但是有裂缝的桶子到达主人家时，却只剩下半桶水。

两年来，挑水夫就这样每天挑一桶半的水到主人家。当然，好桶子对自己能够送满整桶水感到很自豪。破桶子呢？对于自己的缺陷则非常羞愧，它为只能负起一半的责任感到非常难过。

饱尝了两年的苦楚后，破桶子终于忍不住在小溪旁对挑水夫说："我很惭愧，必须向你道歉。""为什么呢？"挑水夫问道，"你为什么觉得惭愧？""过去两年，因为水从我这边一路地漏，我只能送半桶水到你主人家，我的缺陷，使你做了全部的工作，却只收到一半的成果。"破桶子说。挑水夫替破桶子感到难过，他满怀爱心地说："我们回到主人家的路上，我要你留意路旁盛开的花朵。"

果真，当他们走在山坡上，破桶子眼前一亮，看到缤纷的花朵开满路的一旁，沐浴在温暖的阳光之下，这景象使它开心了很多！但是，走到小路的尽头，它又难受了，因为一半的水又在路上漏掉了！破桶子再次向挑水夫道歉。挑水夫温和地说："你有没有注意到小路两旁，只有你的那一边有花，好桶子的那一边却没有开花呢？我知道你有缺陷，因此我善加利用，在你那边的路旁撒了花种，每回我从溪边来，你就替我浇了一路花！两年来，这些美丽的花朵装饰了主人的餐桌。如果你不是这个样子，主人的桌上也没有这么好看的花朵了！"

有些人到了找工作的时候才发现自己的缺点，不免有些懊悔，就像那只破水桶，感到既羞愧又难过。

尺有所短，寸有所长。短时间弥补缺点是不现实的，这时你要发挥自己的优点，找能体现你特长的工作，这样你才会有胜出的机会。有时，你的某些缺点，对于一项工作而言根本微不足道，甚至能变成优点。从事这样一份工作，你一定会做出成绩。

人都有缺点，不要为此苦恼和消沉。你要做的是把缺点变成优点。

尺有所短，寸有所长，每个人身上总有闪光的地方。

5. 找准自己的位置

找一份适合自己的工作，你才会更容易做出成绩。

一百多年前，芝加哥博览会展出了一个人发明的“拉链”，尽管发明家费尽口舌宣称这种拉链可以代替鞋带，解决系鞋带的麻烦，可并没有引起丝毫的反响。

有一个叫沃克的人花1美元买下了拉链，仅仅是出于对发明家的同情。他精心研究了拉链的构造及制作原理，越来越觉得这项发明一定会走俏世界，成为人们密不可分的伙伴，于是决定先制造一台生产拉链的机器。几年后，大批拉链面市了，他与厂家合作，将精致的拉链安在鞋上推向市场，没想到这种商品还是无法被人接受，大批成品鞋在仓库里堆积如山。挫折几乎将沃克击倒，他一个人深居简出，郁郁寡欢。然而几天后，痴心不改的沃克又重整旗鼓。他想，拉链的制造是为了给人们带来方便，为什么只围着一双鞋想问题呢？于是，他又尝试着把拉链加工到钱包、军服上，没想到很快就打开了市场，使拉链风靡全球。

一个事物是否有价值，关键在于用在什么地方。只有找到合适的位置，才能更好地体现出价值。

选择职业同样如此，不可盲目跟风，哪行热门就向哪行里钻，应该找一份与自己专业对口的工作，在自己擅长的领域里发展。也许刚开始看起来会平平淡淡，但沿着正确的道路前进，总有一天你会收获成功的硕果。选择职业也不要眼光只盯着那些声名显赫的大公司，拼命向里挤，希望自己第一份工作就为自己带来丰厚的待遇。如果一些不起眼的小公司能让你得到更多、更好的锻炼，同样是一个不错的选择——宁当鸡头，不当凤尾，与其在大公司里苦苦寻求崭露头角的机会，不如一进小公司就担当重任。

6. 选择决定生活

每个人的生活，都是自己选择的结果。

有三个人要被关进监狱三年，监狱长答应满足他们三人每人一个要求。美国人爱抽雪茄，要了三箱雪茄。法国人最浪漫，要一个美丽的女子相伴。而犹太人说，他要一部与外界沟通的电话。三年过后，第一个冲出来的是美国人，嘴里鼻孔里塞满了雪茄，大喊道：“给我火，给我火！”原来他忘了要火。接着出来的是法国人，只见他手里抱着一个小孩子，美丽女子手里牵着一个小孩子，肚子里还怀着第三个。最后出来的是犹太人，他紧紧握住监狱长的手说："这三年来我每天与外界联系，我的生意不但没有停顿，反而增长了200%，为了表示感谢，我送你一辆劳斯莱斯！"

尽管当下就业压力很大，但你仍然面临选择，只不过选择的范围相对缩小了而已。你选择什么样的职业，就决定了将来过什么样的生活。所以选择职业一定要慎重，既不要头脑发热，向不擅长的领域里钻，也不要过分悲观，破罐子破摔，丢掉自己的专长。

适合的才是最好的，这始终是选择的宗旨。

7. 选择的困惑

面临的选项越多，越不容易做出选择。

由美国哥伦比亚大学、斯坦福大学共同进行的研究表明：选项愈多反而可能造成愈负面的结果。科学家们曾经做了一系列实验，其中有一个实验是让一组被测试者在6种巧克力中选择自己想买的，另外一组被测试者在30种巧克力中选择。结果，后一组中有更多人感到所选的巧克力不大好吃，对自己的选择有点后悔。

另一个实验是在加州斯坦福大学附近的一个以食品种类繁多而闻名的超市进行的。工作人员在超市里设置了两个小吃摊，一个有6种口味，另一个有24种口味。结果显示，有24种口味的摊位吸引的顾客较多：242位经过的客人中，60%会停下试吃；而260个经过有6种口味的摊位的客人中，停下试吃的只有40%。不过最终的结果却是出乎意料：在有6种口味的摊位前停下的顾客30%都至少买了一瓶果酱，而在有24种口味摊位前的试吃者中只有3%的人购买东西。

当人面临的选择越多，诱惑也就越多。总怕错过最好的这种想法会使人不禁犹豫不决，这就很容易使人失去判断力，错失机会。选择越少，目标就越清晰，人就很容易找到自己想要的东西。

如果就业压力无法使你拥有更多的选择，你大可不必为此苦恼，因为这未尝不是一件好事。

8. 不要盲目听信他人

选择职业时，多倾听他人的意见和建议，是大有好处的，但不要因此而失去主见。

一只狼出去找食物，找了半天都没有收获。偶然

经过一户人家，听见房中孩子哭闹，接着传来一位老太婆的声音："别哭啦，再不听话，就把你扔出去喂狼吃。"狼一听此言，心中大喜，便蹲在不远的地方等起来。

太阳落山了，也没见老太婆把孩子扔出来。晚上，狼已经等得不耐烦了，转到房前想伺机而入，却又听老太婆说："快睡吧，别怕，狼来了，咱们就把它杀死煮了吃。"狼听了，吓得一溜烟跑回老窝。同伴问它收获如何，它说："别提了，老太婆说话不算数，害得我饿了一天，不过幸好后来我跑得快。"

有很多人习惯于站在自己的角度信口开河，你可以多听，但不可全都信以为真，让别人的意见主宰了你的选择。

广泛听取意见，结合自身实际，你才会做出正确的选择。

9. 做你自己

勇于做你自己，你将打造出自己的个人品牌，你会因而脱颖而出。

杰克·韦尔奇第一次进入通用电气董事会时，有一次去西雅图参加一个为期三天的董事会远足旅行。

在一次董事聚会上，可口可乐前董事长保罗·奥斯丁走到他跟前说："杰克，千万别忘了你是谁，也别忘了你怎么来到这里的。"

保罗·奥斯丁是个沉默寡言、轻易不对别人发表意见的人。杰克·韦尔奇立即意识到他为什么这样说自己。那天杰克·韦尔奇穿了一件上了浆的衬衣，举止拘谨，彬彬有礼，在会上过于安静，与平时判若两人。平常的他从来没有安静下来过。唯独这一次例外。

奥斯丁的话让杰克·韦尔奇猛醒，他尴尬地说了声谢谢。下次会议时，他的话便多起来。

作为世界最杰出的经理人之一，杰克·韦尔奇在管理学理论上并没有多大的建树，他被人津津称道的是作为通用电气总裁是与下属有效沟通的典范。一位通用公司的经理曾这样生动地描述杰克·韦尔奇："他会追着你满屋子团团转，不断地和你争论，反对你的想法。而你必须要不断地反击，直到说服他同意你的想法为止。"

虽然，他也有失去自己的时候，不过他很快就能猛醒过来，继续做他自己。

做你自己，就是展现自己的个性，发挥自己的特长和优点。无论在求职还是以后的工作中，这一点都是非常重要的，因为这样容易让你脱颖而出。

有的人去面试时，由于紧张，自己的个性和优点一点也发挥不出来，显得很平庸而与成功失之交臂；

有的人在工作中，怕过分暴露自己而成众矢之的，从而夹起尾巴做人，自然也很难引起老板的青睐。

10. 把自己推销出去

大凡成功人士，都是优秀的推销员，他们大都先把自己推销出去，从而赢得成功的机会。

李嘉诚做推销员时，十分注意自我包装。他认为产品需要包装，推销产品的人就更需要包装了。因此，尽管他收入不高，家庭负担沉重，但他仍然十分注意自己的仪表修饰。虽然他穿不起名牌，但衣服总是保持整洁。

推销员的包装不仅包括衣着打扮，更主要的是言谈举止中体现出来的内在修养。李嘉诚给自己定下的标准是具有绅士风度，一言一语一举一动给人留下好的印象。

在推销过程中，李嘉诚还有意识地去结交朋友，经常在拜访一个客户时，先不谈生意，而是建立友谊。他认为只要友谊常在，即使一时做不成生意，总有做成生意的一天。

有一家刚落成的旅馆正准备开张，大家都知道，这是推销铁桶的大好时机，李嘉诚的几个同事兴冲冲地去找旅馆老板洽谈，不料全部无功而返。因为旅馆

老板早就看好了另一家五金厂生产的铁桶。

此时李嘉诚已经取得了不俗的销售业绩，在同事中有了一定的影响，他们都对这位聪明的少年刮目相看，因此，知难而退的同事公推李嘉诚出马。

李嘉诚并没有急于去见那位老板，而是创造机会跟旅馆的一个职员套近乎，很快跟那位职员拉上了关系，相处得像老朋友一样。他从职员口中得知了一些有关这家旅馆老板的情况。有一件事引起了他的特别注意。

原来，旅馆老板中年得子，把儿子当成掌上明珠。现在旅馆开张在即，千头万绪，而他儿子却整天缠着要去看赛马。他根本抽不出时间满足儿子这一愿望。儿子情绪沮丧，一点也不高兴。

那位职员本是把这件事当做趣闻谈起的。然而言者无意，听者有心，李嘉诚猛然感觉到他找到了突破口。李嘉诚让那位职员牵线，他自掏腰包带老板的儿子去快活谷马场看赛马。在跑马场上，老板的儿子兴高采烈，十分快活，回家后仍兴奋地向父亲嘁嘁喳喳说个不停。

老板被李嘉诚的行为感动了，一时不知怎么答谢才好。在李嘉诚的劝说下，老板最终同意从李嘉诚手中买下了380只铁桶。

有人说过，把自己推销出去，才是最好的推销员。

人生又何尝不是一个推销自己的过程？把自己推

销出去，别人才会知道你的价值。

大学生就业，说白了就是推销自己。你在选择公司，公司也在选择你，能否让公司留住你，就看你如何推销自己。

做一份简历，是求职的第一步。有的人像明星一样包装自己，把简历做得像请柬一样精美，还特意去照明星照；还有的人生怕把自己的优点漏了，写简历时洋洋洒洒，写成了“万言书”，甚至不惜造假来抬高自己。这都是错误的做法。简历一定要精炼，而且越精炼越好，把特长和成绩展现出来就行了。招聘人员没空看你的长篇大论。

面试时，一定要衣装整洁，落落大方。名牌衣服不会为你抬高身价，浓妆艳抹也不会为你增添印象分。回答问题时，口齿要伶俐，回答要言简意赅、切中要害，并且一定要让对方看到你自信的表情。这样才会给考官们留下深刻的印象，把自己推销出去。

11. 准备好了就去试

除了去招聘会和从网上投递简历，然后坐等面试通知外，求职还有别的途径。登门应聘就是一种有效的途径，一般有两种方式：一是毛遂自荐，二是循招聘广告而去。

有个年轻人在偶然经过微软上海分公司的门口时，突发奇想决定进去应聘。金发碧眼的洋总经理一时愣住了，没反应过来，因为公司并没有刊登过招聘广告。见总经理疑惑不解，年轻人使用并不娴熟的英语解释说，自己是碰巧路过这里，所以就贸然前来应聘。总经理听完后颇感新鲜，心想莫非对方真是个人才？便笑着说那今天就破例一次，现在就开始面试吧！

然而面试的结果却出乎意料，对总经理来说这是他在微软任职以来所经过的最糟糕的一次面试。年轻人中专学历，与微软所要求的学历不符，对软件编程也只略知皮毛，对于总经理提出的许多专业性问题，年轻人要么答非所问，要么根本就回答不上来，面试中双方几次陷入僵滞的尴尬局面。面试结束，总经理显得很失望，他对年轻人说："要知道微软公司人才荟萃，从高级管理到专业技术人员，都堪称业界精英，微软的大门不是能够轻易叩开的。"正当总经理要回绝他时，年轻人说："对不起，这次我是因为事先没有准备。"总经理认为他只是找个托词下台阶，便也随口说道："那好，我给你两个星期做准备，等你准备好了再来面试。"

回去后，年轻人去图书馆借了计算机编程专业的书籍，然后足不出户在家昼夜苦读。两周后年轻人果然又去见总经理，总经理没有想到对方竟真会前来面试，只得兑现当初的承诺。第二次面试，年轻人对总经理提出的相关专业问题已基本能应付下来，不过他却仍没有通过面试，因为他的编程知识与微软所要求的软件工程师水平相差实在太悬殊，但在总经理眼里，在两周里能有如此进步，对于眼前这个年轻人已经是很不容易了。面试结束后，总经理建议性地问道：“不知你对微软的其他岗位是否感兴趣，比如销售部门？”年轻人接受了建议，可是对于销售他却一窍不通，于是总经理又给了他一周时间去准备。

离开微软后，年轻人去书店买了一摞关于营销的书籍，又一次埋头苦读。可令人感到丧气的是，一周后，年轻人虽然在销售知识方面进步不小，但他仍然没有通过面试。无奈之下，总经理只能歉意地摇头并问年轻人，为何他偏要应聘微软呢？年轻人的回答令洋经理瞠目结舌，他说：“其实我并非只想应聘微软，我也知道微软录用人的条件苛刻，我应聘不会成功，但我不会放弃在这样一流公司积累应聘经验的机会。”总经理不禁哑然，于是不乏幽默地说：“那我就多给你几次增长经验的机会。”结果为了应聘，年轻人总共在微软面试了 5 次，前后共用去了两个多月的时间，而总经理也破天荒地给予一个普通的中国小伙子 5 次机会。

在第五次面试时，年轻人没有回答任何问题，因为他一跨进总经理办公室，总经理就对他宣布，其实在第三次面试时他就已经成为微软的一员了。中方副总经理对此感到疑惑不解，洋经理解释说：“这个年轻人能够勇于不懈尝试并不断进步，就表明他的潜在实力符合微软的要求，他是个不可多得的人才。”

不久，年轻人就到微软接受培训了。

很多年轻人缺乏登门应聘的勇气，总担心自己会被淘汰，于是整天做着白日梦，却不主动去尝试。

准备好了就去试，不去试，你怎么会知道差距在哪里呢？不去试，你又怎么会知道自己不会成功呢？

12. 机会再小也不放弃

当你总是看到黑压压的一群人应聘极少的几个岗位时，你是否感到过希望是那么渺茫？但你不要放弃，哪怕只有万分之一的机会。

有一次，甘布士需要乘坐火车去外地，但事先没有买好车票。这时正值圣诞前夕，到外地去游玩的人很多，因此火车票已买不到了。

但甘布士还是提了行李赶到车站，希望遇到退票的人。等了很长时间，仍然没人退票，可是甘布士继续耐心等待。车站工作人员同情地说："退票的可能，只有万分之一。"但他还要等下去，直到火车开动。

就在火车还有5分钟就要离站时，一个女人匆忙赶来退票，因为她家里有急事，只得改期。于是甘布士如愿以偿，坐上了火车。

到了目的地，甘布士给夫人打了一个长途电话：

“我抓住了那只有万分之一的机会，因为我认为一个不怕吃亏的笨蛋，才是真正的聪明人。”

甘布士在工作中正是靠着不放弃机会的执著，终于在众多的人中脱颖而出，从一家织造厂的小技师，成为了拥有5家百货商店的老板，成为了企业界令人瞩目的人物。

放弃万分之一的机会，可能就会与成功失之交臂。自信地加入到竞争中去，可能就会赢得那万分之一的机会。

当然，有竞争就难免会失败，如果失败了也不要气馁，要继续参与到竞争中去。

那万分之一的机会，只有努力争取，才有可能抓得住。

13. 向某些机会说“不”

很多时候，一些机会会扑面而来。每当这时，你就要冷静地想一想，因为那些所谓的机会，很可能对你来说并不是什么机会。

畅销书《从优秀到卓越》的作者吉姆·柯林斯，在1994年还是个无名小卒。那年他的著作《基业长青》刚刚面世，他想创办一家咨询公司，名字就叫

“基业长青”。

有位同事向彼得·德鲁克推荐了他。一天他收到了一条语音留言：“我是彼得·德鲁克。我很乐意在克莱蒙特（在加利福尼亚，德鲁克居住的城市）花一天时间和你会面。”

他立即给彼得·德鲁克回了电话，当时紧张极了，而彼得·德鲁克却说：“大点声！我已经不年轻了！”

这年彼得·德鲁克已经85岁高龄。于是他大喊：“彼得·德鲁克，我是吉姆·柯林斯！”随后，他们约好了时间，并如期见面了。

吉姆·柯林斯没想到这一天竟彻底改变了他的生活。他向彼得·德鲁克谈了自己创办咨询公司的想法，彼得·德鲁克问道：“是什么驱使你这样做？”

吉姆·柯林斯回答说：“是好奇心和受别人影响。他们都在这样做。”

“噢，看来你陷入了经验主义，你身上一定充满了低俗的商业气息。”

彼得·德鲁克随后又问：“你是想提出一种长青的思想，还是想打造一家长青的公司？”

吉姆·柯林斯回答说：“提出一种长青的思想。”

“那你就不能开公司。”彼得·德鲁克接着说，“从你拥有组织的那一刻起，你就要解决一个恼人的问题，即向组织里的员工灌输思想。如果去制定专用于向员工灌输的思想，从员工那里又得不到思想，你的影响就会下降，即使你在商业上不断成功也于事无补，因为传授思想和宣传思想有很大的不同。而你的使命究竟是什么呢？是去影响那些有影响力、有辨别力的人们的思想。如果你错误地行使了你的职责，也就影响不了那些人了。所以，一旦你走上开公司这条路，你就完了。”

然后他还说了一句重要的话：“真正的磨炼在于向错误的机会说不。”

吉姆·柯林斯深受启发，接受了德鲁克的建议。最后吉姆·柯林斯问：“我怎样才能报答你？”彼得·德鲁克回答说：“你已经报答过了。我从我们的谈话中学到了许多东西。”吉姆·柯林斯顿时明白了彼得·德鲁克的伟大之处：与许多人不同的是，驱动他的并不是说话，而是学习。

其实，有些机会，即使你抓住了，也不会对你的发展有什么好处。

就拿风靡全国的“超女”和“快男”之类的选秀节目来说吧，参与者争先恐后，无不想一鸣惊人，借此走上星路。对于那些有文艺素养、有志于此的年轻人来说，的确是一个难得的机会。但对于那些连五线谱也不认识、唱歌跑调的人来说，就不叫机会。

有人说，我不看结果，只重过程。看似心态很好，其实是给自己找个台阶下罢了。你并不会从中得到什么锻炼，而是在浪费时间和青春。

有些机会，只能是别人的机会，而不是你的机会。即使诱惑很大，你也要学会拒绝。

14. 学历不等于能力

很多年轻人在求职时，把自己的学历看得过重，总以为我是什么样的学历，就应该享受什么样的待遇。

一家公司招聘业务人员，其中一位应征者资历显赫，对于公司来说，有小庙容不了大佛的顾虑，因此公司不抱太大的希望，面谈时也很诚恳地告诉他，依据公司规定无法给他太高的薪水。公司的人原以为面试会就此打住，不用再浪费彼此的时间。没想到他竟然愿意接受不到他原来薪水一半的条件，这让公司有点意外。正式上班后，他也没有出身大企业的骄傲，准时上班，报表填写清楚，勤跑客户，过了不久他的业绩远远超乎大家原本的预期，于是在极短的时间内，公司破格让他晋升，而且大幅加薪。从此，他也更加卖力，为公司创造了更好的业绩。

相处久了才知道：原来他在前一家公司已当上了主管，工作相当顺利，薪水也十分满意。他原以为可以衣食无忧，没想到公司投资失败，老板不知去向。其间，他也曾经因为薪水无法与自己所要求的相符而怨天尤人，总认为自己是怀才不遇。但在经历了一段时间的挫折与沉淀之后，他选择了重新开始。他领悟到，价格是别人给予的，随时可以拿走，价值却是自己创造的，任谁也无法带来。

随着高校扩招，现在学历普遍贬值。况且，学历只是你价值的一部分，是学校给予你的。你要想证明你“物有所值”、甚至“物超所值”，就得埋头苦干，用业绩来说话。业绩所体现出来的价值，是你自己创造的，是学历不能给你带来的。而公司更看重的，往往也是你自己创造的这一部分价值。

所以，不要把学历当做唯一能叩开成功之门的通行证，要想获得成功，还需要在工作中埋头苦干，用实力证明自己。

15. 以退为进也能赢得喝彩

年轻人就业，自然是想一进公司就得到重用，从事一份待遇优厚而体面风光的工作，然而现实往往与理想相反，应聘时你很难竞聘到理想中的职位。

一位留美的计算机博士，毕业后在美国找工作，结果好多家公司都不录用他，思前想后，他决定收起所有证明，以一种“最低身份”再去求职。

不久，他被一家公司录用为程序输入员，这对他来说简直是“高射炮打蚊子”，但他仍干得一丝不苟。

不久，老板发现他能看出程序中的错误，非一般的程序输入员可比，这时他亮出学士证，老板给他换了个与大学毕业生对口的职位。

过了一段时间，老板发现他时常能提出许多独到的有价值的建议，远比一般的大学生要高明。这时，他又亮出了硕士证，于是老板又提升了他。

再过一段时间，老板觉得他还是与别人不一样，就对他"质询"，此时他才拿出博士证，老板对他的水平有了全面认识，毫不犹豫地重用了他。

可见，以退为进永远都是良策。先应聘低层的职位，然后在工作中好好表现自己，不断证明自己的价值，引起老板的青睐，也是一条通向成功的大路。

你要相信条条大路通罗马，是金子总会闪光的。

16. 创造机会改变现状

要想改变现状，不能靠等。改变，需要创造机会。

甲在合资公司做白领，觉得自己满腔抱负没有得到上级的赏识，他经常想：如果有一天能见到老总，有机会展示一下自己的才干就好了！甲的同事乙，也有同样的想法，他更进一步，去打听老总上下班的时

间，算好他大概会在何时进电梯，他也在这个时候去乘电梯，希望能遇到老总，有机会可以打个招呼。他们的同事丙更进一步。他详细了解老总的奋斗历程，弄清老总毕业的学校、人际风格、关心的问题，精心设计了几句简单却有分量的开场白。他在算好的时间去乘坐电梯，跟老总打过几次招呼后，终于有一天跟老总长谈了一次，不久就争取到了更好的职位。

如果你觉得怀才不遇，一身抱负无法施展，却只是等着一个机会来临，让你摆脱现状，那就有可能等到花儿都谢了，也不见任何迹象。

这时你要主动创造机会，比如，制订一个合理的计划，水到渠成地把自己推介给老板；干出一份出色业绩，一鸣惊人，引起全公司人的重视等。

功夫不负有心人。主动创造改变的机会，你才会改变人生。

17. 想搏击长空就不要眷恋大地

很多初入职场的年轻人都会面临这样的尴尬：从事着一份不是自己想要的工作，辞职吧，怕找不到更好的工作；不辞职吧，又不甘心这样碌碌无为。

这时该怎么办呢？

有一个学电子专业的大学生，毕业时被分配到一个让许多人羡慕的政府机关，干着一份十分轻松的工作。

然而时间不长年轻人开始变得郁郁寡欢。原来年轻人的工作虽轻松但与所学专业毫无关系，要知道年轻人可是电子专业的高才生啊，他总觉得自己空有一身本事却无用武之地。他想辞职外出闯天下，但内心深处却十分留恋眼下这一份稳定又有保障的舒适工作，要知道外面的世界虽然很精彩可是风险也大啊。经过反复思量他仍拿不定主意，于是他就将自己的想法告诉父亲，他的父亲听后想了一会儿，给他讲了一个故事：

有一个乡下的老人在山里打柴时，拾到一只很小的样子怪怪的鸟，那只怪鸟和出生刚满月的小鸡一样大小，也许因为它实在太小了，还不会飞，老人就把这只怪鸟带回家给小孙子玩耍。

老人的孙子很调皮，他将怪鸟放在小鸡群里，充当母鸡的孩子，让母鸡养育着。母鸡没有发现这个异类，全权负起一个母亲的责任。

怪鸟一天天长大了，后来人们发现那只怪鸟竟是一只鹰。人们担心鹰再长大一些会吃鸡，然而人们的担心是多余的，那只一天天长大的鹰和鸡相处得很和睦，只是当鹰出于本能在天空展翅飞翔再向地面俯冲时，鸡群出于本能会产生恐慌和骚乱。

时间久了，村里的人们对于这种鹰鸡同处的状况越来越看不惯。如果哪家丢了鸡，便首先会怀疑那只鹰，要知道鹰终归是鹰，生来是要吃鸡的。愈来愈不满的人们一致强烈要求：要么杀了那只鹰，要么将它放生，让它永远也别回来。因为和鹰相处的时间长了，有了感情，这一家人自然舍不得杀它，他们决定将鹰放生，让它回归大自然。

然而他们用了许多办法都无法让那只鹰重返大自然，他们把鹰带到很远的地方放生，过不了几天那只鹰就又飞了回来；他们驱赶它不让它进家门，他们甚至将它打得遍体鳞伤……试过了许多办法都不奏效。最后他们终于明白：原来鹰是眷恋它从小长大的家园，舍不得那个温暖舒适的窝。

后来村里的一位老人说：把鹰交给我吧，我会让它重返蓝天，永远不再回来。老人将鹰带到附近一个最陡峭的悬崖绝壁旁，然后将鹰狠狠向悬崖下的深涧扔去。那只鹰开始也如石头般向下坠去，然而快要到涧底时它终于展开双翅托住了身体，开始缓缓滑翔，然后轻轻拍了拍翅膀，飞向蔚蓝的天空。它越飞越自由舒展，越飞动作越漂亮。这才叫真正的翱翔，蓝天才是它真正的家园啊。它越飞越高，越飞越远，渐渐变成了一个小黑点，飞出了人们的视野，永远地飞走了，再也没有回来。

听了父亲的故事，年轻人痛下决心，辞去了公职外出闯天下，终于干出了一番事业。

面对艰难的抉择，首先要给自己做个评估，当前的工作能否做出成绩，辞职后能否获得更大的发展。

如果不辞职比辞职有利，那就培养对工作的兴

趣，让自己喜欢上当前的工作。如果有能力开创一番新的事业，那就果断辞职，投入到新的事业中去。

尽管你会遭遇很多挫折，但你终究会像那只鹰一样，用翅膀托住自己，飞向蓝天。

18. 人生有时需要破釜沉舟

一个人不想经历风雨，便注定无法看见美丽的彩虹。

秦朝末年，天下纷乱。

当时，赵王歇被秦军围困在巨鹿（今河北平乡西南），请求楚怀王救援。而秦军强大，几乎没人敢前去迎战。项羽为报秦军杀父之仇主动请缨，楚怀王封项羽为上将军。

项羽先派都将英有、蒲将军率领两万人做先锋，渡过漳水，切断秦军运粮通道。然后，项羽率领主力渡河。渡过了河，项羽命令将士，每人带三天的干粮，把军队里做饭的锅碗全砸毁，把渡河的船只全部凿沉，连营帐都烧了，并对将士们说："咱们这次打仗，有进无退，三天之内，一定要把秦兵打退。"

项羽破釜沉舟的决心和勇气，对将士起了很大的鼓舞作用。楚军把秦军的军队包围起来，将士个个士气振奋，以一当十，越打越勇。经过九次激烈战斗，楚军活捉了秦军首领王离。其他的秦军将士有被杀的，也有逃走的，围困巨鹿的秦军就这样瓦解了。

沉浸在安逸的工作和生活环境中，人会渐渐失去斗志，曾经开创一番事业的理想也会渐渐麻木。

当然，偶尔雄心壮志也会再次燃起，而一想到要失去现在所有的，就又熄灭了。

人生有时需要破釜沉舟。置于死地而后生，也许会实现心中的夙愿。即使失败了，也可以把它看做一次难得的人生经历，当做一次锻炼的机会。

19. 不要奢望不属于你的待遇

一个人享受的待遇是他在公司里的价值体现，你还不能享受某种待遇，说明你的业绩还没有体现出应有的价值。你可以羡慕那些待遇，并作为自己奋斗的动力，但你不可拥有，也不该享受。大学生应及早明白这个道理。

小白刚从大学毕业，分配在一个离家较远的公司上班。每天清晨7点，公司的班车会准时等候在一个地方接送她和她的同事们。

一个骤然寒冷的清晨，她关闭了闹钟尖锐的铃声后，又稍微赖了一会儿暖被窝——像在学校的时候一样。那天清晨，她比平时迟了5分钟起床。可是就是这区区5分钟却让她付出了代价。

那天，当她匆忙中奔到班车等候的地点时，班车已经开走了。站在空荡荡的马路边，她茫然若失。一种无助和受挫的感觉向她袭来。

就在懊悔沮丧的时候，她突然看到了公司的那辆蓝色轿车停在不远处的一幢大楼前。她想起了曾有同事指给她看过那是上司的车，她想真是天无绝人之路。她向那车走去，在稍稍犹豫后打开车门悄悄地坐了进去，并为自己的聪明而得意。

为上司开车的是一位慈祥温和的老司机。他从反光镜里已看她多时了。这时，他转过头来对她说："你不应该坐这车。"

"可是我的运气不坏。"她如释重负地说。

这时，她的上司拿着公文包飞快地走来。待他在前面习惯的位置上坐定后，她才告诉他的上司说，班车开走了，想搭他的车子。她以为这一切合情合理，因此说话的语气轻松随意。

上司愣了一下，但很快明白了一切，他坚决地说："不行，你没有资格坐这车。"然后用无可辩驳的语气命令："请你下去！"

她一下子愣住了——这不仅是因为从小到大还没有谁对她这样严厉过，还因为在这之前她没有想过坐这车是需要一种身份的。以她过去的个性，当时定会重重地关上车门以显示她对小车的不屑一顾，尔后拂袖而去。可是那一刻，她想起了迟到在公司的制度里将对她意味着什么，而且她那时非常看重这份工作。于是，一向聪明伶俐但缺乏生活经验的她用近乎乞求的语气对上司说：“我会迟到的。”

“迟到是你自己的事。”上司冷淡的语气没有一丝一毫的回旋余地。

她把求助的目光投向司机。可是老司机看着前方一言不发。委屈的泪水终于在她的眼眶里打转。然后，她在绝望之余为他们的不近人情而固执地陷入了沉默的对抗。

他们在车上僵持了一会儿。最后，让她没有想到的是，他的上司打开车门走了出去。

坐在车后座的她，目瞪口呆地看着有些年迈的上司拿着公文包向前走去。他在凛冽的寒风中拦下了一辆出租车，飞驰而去。泪水终于顺着她的脸颊流淌下来。

老司机轻轻地叹了一口气：“他就是这样一个严厉的人。时间长了，你就会了解他了。他其实也是为你好。”

老司机给她说了自己的故事。他说他也迟到过，那还是在公司创业阶段，“那天他一分钟也没有等我，也不要听我的解释。从那以后，我再也没有迟到过。”他说。

她默默地记下了老司机的话，悄悄地拭去泪水，下了车。那天她走出出租车踏进公司大门的时候，上班的钟声正好敲响。她悄悄而有力地将自己的双手紧握在一起，心里第一次为自己充满了无法言语的感

动，还有骄傲。

从这一天开始，她长大了许多。

故事中的上司给主人公上了生动的一课。

无论在多么人性化管理的公司里，等级制度也是存在的，待遇差别也是存在的。即使上司一点也不看重这些，甚至邀请你坐他的专车，你也不可得意忘形，心安理得地去享受。

人贵有自知之明。羡慕高管的待遇，就要努力工作，等你坐到高管的位子上，待遇自然就来了。

20. 可以失意但不可失去尊严

生活中失意，是常有的事。但是，可以失意，不可失去尊严。

一个女孩毫无道理地被老板炒了鱿鱼。中午，她坐在单位喷泉旁边的一条长椅上黯然神伤，她感到生活失去了颜色，变得暗淡无光。这时她发现不远处一个小男孩站在她的身后咯咯地笑，她就好奇地问小男孩："你笑什么呢?""这条长椅的椅背是早晨刚刚漆过的，我想看看你站起来时后背是什么样子。"小男孩说话时一脸得意的神情。

女孩一怔，猛地想到：昔日那些刻薄的同事不正和这小家伙一样躲在我的身后想窥探我的失败和落魄吗？我决不能让他们的用心得逞，我决不能丢掉我的志气和尊严！

女孩想了想，指着前面对那个小男孩说，你看那里，那里有很多人在放风筝呢。等小男孩发觉到自己受骗而恼怒地转过脸时，女孩已经把外套脱了拿在手里，她身上穿的鹅黄的毛线衣让她看起来年轻漂亮，充满朝气。小男孩甩甩手，嘟着嘴，失望地走了。

当你从大学踏上社会后，你会发现，社会与大学是不一样的。

但无论你遭到了同事的陷害，还是被上司以“莫须有”的名义狠狠批评，或者被莫名其妙地炒了鱿鱼，你都要挺住，泰然处之，别表现出一副失魂落魄或者痛不欲生的样子，让你的对手们暗自窃喜。

可以失意，但不可失去尊严，赶快从失意中走出来，去开创新的生活吧！

21. 别再愤世嫉俗

很多刚走上社会的大学生，闯荡一番后蓦然发现，“现实”是块石头，“思想”是个蛋。

被称为“沈阳的比尔·盖茨”的胡忠伟，1976

年生于沈阳市苏家屯区一个普通的家境贫困的农民家庭。1994 年他考入沈阳大学，但家里只能供他和妹妹一人读书。他思考再三后，决定让家里为他付第一年的学费，以后的学费自己筹集。大学一年级他开始做家教，发现了儿童英语培训的巨大商机，于是他利用业余时间创业，用 3000 元办起了仅有 20 名学员的“小学馆儿童美语班”。如今，小小的英语培训班，已经发展成为拥有固定资产上千万、员工 400 余人的教育集团。

当有的大学生抱怨社会的种种问题时，胡忠伟想的却是适应这个社会，让社会为我所用，耐心等待社会的改变。他认为，社会不是为你而造的，要去适应它；与其抱怨社会环境不好，不如换个心态。每一次危机就是一种转机，每一次变化就意味着机会，才是创业的良好心态；大学生不要把精力放在愤世嫉俗上。

有人忍不住抱怨：“自己是个人才，怎么却得不到重用呢?”“那么多不公平的现象，为什么还堂皇存在呢?”

黑格尔曾说过：存在即合理。正是因为社会是向前发展的，现在社会上存在着不合理不公平的现象，就是正常的。对你来说的不公平，对别人来说往往就是公平的。如果你看不惯一些现象，也无法改变它，那就接受它。像胡忠伟那样，与其抱怨社会环境不好，不如换个心态，让社会为我所用，去开创一番

事业。

只有傻瓜才将精力用在愤世嫉俗上。

22. 学会控制欲望

有欲望才有激情，才会不断追求更好。对于一个人的发展而言，具有强烈的欲望，应该是好事。但也要适当控制，因为无限膨胀的欲望有时会毁掉你的机会。

一个沿街流浪的乞丐每天总在想，假如我手头要有两万元钱就好了。一天，这个乞丐无意中发觉了一只跑丢的很可爱的小狗，乞丐发现四周没人，便把狗抱回了他住的窑洞里，拴了起来。

这只狗的主人是本市有名的大富翁。这位富翁丢狗后十分着急，因为这是一只纯正的进口名犬。于是，他就在当地电视台发了一则寻狗启事：如有拾到者请速还，付酬金两万元。

第二天，乞丐沿街行乞时，看到这则启事，便迫不及待地抱着小狗准备去领那两万元酬金，可当他匆匆忙忙抱着狗又路过贴启事处时，发现启事上的酬金已变成了3万元。原来，大富翁寻狗不着，又电话通知电视台把酬金提高到了3万元。

乞丐似乎不相信自己的眼睛，向前走的脚步突然

间停了下来，想了想又转身将狗抱回了窑洞，重新拴了起来。第三天，酬金果然又涨了，第四天又涨了，直到第七天，酬金涨到了让市民都感到惊讶时，乞丐这才跑回窑洞去抱狗。可想不到的是那只可爱的小狗已被饿死了。

初入职场的大学生很容易犯一个错误，即这山看着那山高。获得一份工作，没工作几天，又觉得另一份工作更好，于是又迫不及待地辞职，甚至改行。如此反复，工作不停地换，事业却没什么进步。

机会，只有牢牢抓住才称得上机会，一旦放弃，就不再是机会。

23. 敬业才能优秀

“我是个人才!”几乎所有大学生都这样评价自己。这种自信是值得提倡的。

eBay 公司首席执行官兼总裁梅格·惠特曼，1973 年时还在宝洁公司广告部工作。她刚从哈佛商学院毕业，公司派她研究 Ivory 洗发水瓶的开口究竟多大才合适：是 0.95 厘米还是 0.31 厘米。于是她不得不去做抽样调查等琐碎的工作……晚上回到家她忍不住想，哈佛商学院毕业的我怎么干起了这个?

没过多久，她的顶头上司、身为宝洁公司广告部经理助理的杰瑞·帕金森告诫她：“无论你承担了什么工作，你都应该努力做到最好，即使你觉得这份工作很无聊。”

这使她意识到，获得的每一份工作都是证明自己的机会。于是她不再抱怨，全身心投入到工作中去。2005 年，她击败惠普女掌门卡莉·菲奥莉娜，当选美国《财富》杂志2004 年度“最有权力的商界女性”，成为2004 年全美商界最熠熠生辉的“女强人”。

当你面对一份不起眼的工作时，会否也发出“我怎么干起了这个”的抱怨？

暂时抱怨是可以理解的，关键是你接下来怎么做。你是不屑一顾，还是努力做到最好，以证明自己？

请向梅格·惠特曼学习吧！把获得的每一份工作都当做证明自己的机会，全身心投入到工作中去。这会让你受益终生。

24. 干一行就要爱一行

敬业，是每一个成功人士都具有的品质。

在日本民间，流传着这样一个真实动人的故事：

一个妙龄少女来到东京帝国酒店当服务员。洗厕所的工作使她难以接受，而上司对她的工作质量要求又高得惊人：必须把马桶抹洗得光洁如新！她陷入困惑、苦恼之中。这时，单位一位前辈及时地出现在她面前。他一遍遍地抹洗着马桶，直到抹洗得光洁如新，然后，他从马桶里盛了一杯水，一饮而尽，竟然毫不勉强。她热泪盈眶，如梦初醒，并痛下决心："就算一生洗厕所，也要做一名洗厕所最出色的人！"后来她成为日本政府的邮政大臣，她的名字叫野田圣子。

野田圣子坚定不移的人生信念，表现为她强烈的敬业心。这一点使她拥有了成功的人生。

就像野田圣子曾经洗厕所一样，大多成功人士往往一开始都从事着一份平凡的工作，但他们以强烈的敬业心对待这份工作，追求完美，努力做到最好。这种敬业的态度，使他们以后在从事别的工作时，也会不遗余力地去做，从而不断从一个高峰登上另一个高峰，获得更大的成功。

无论你从事什么样的工作，你都应爱岗敬业，干一行，爱一行，专一行，这样才能在平凡的工作中做出不平凡的成绩。

25. 尽职尽责才会尽善尽美

责任心是每个人应有的品质。你一旦接受一项工

作，就对这项工作负有责任，就有义务尽善尽美地去完成。而你只有尽职尽责地去做，才会做到尽善尽美。

有个老木匠准备退休，他告诉老板，说要离开建筑行业，回家与妻子儿女享受天伦之乐。

老板舍不得他的好工人走，问他是否能帮忙再建一座房子，老木匠说可以。但是大家都看得出来，他的心已不在工作上——他用的是软料，出的是粗活。房子建好的时候，老板把大门的钥匙递给他。

“这是你的房子，”老板说，“我送给你的礼物。”

他惊得目瞪口呆，羞愧得无地自容。如果他早知道是在给自己建房子，他怎么会这样呢？现在他得住在一幢粗制滥造的房子里！

就像故事中的老木匠一样，一个人一旦失去了责任心，工作起来就不再兢兢业业，不再追求尽善尽美。

麦当劳创始人雷·克洛克说过：“如果你想经营出色，就必须使每一项最基本的工作都尽善尽美。”同样，如果你想经营出自己出色的人生，就必须使每一项最基本的工作都尽善尽美，而这一切都必须尽职尽责才能做到。

请尽职尽责地对待你的每一项工作吧！

26. 把工作当成一种乐趣

有些人之所以频频跳槽，是因为不喜欢自己的工作，而之所以不喜欢自己的工作，是因为他们觉得工作枯燥乏味。

显然，他们并没有从工作中感受到乐趣。

有个美国记者到墨西哥的一个部落采访。那天是集市交易的日子，当地土著人都拿着自己的物产到集市上交易。这位美国记者看见一个老太太在卖柠檬，5 美分一个。老太太的生意显然不太好，一上午也没卖出去几个。这位记者动了恻隐之心，打算把老太太的柠檬全部买下来，以便她能高高兴兴地早回家。

当他把自己的想法告诉老太太的时候，老太太的回答却让他大吃一惊："都卖给你？那我下午干什么？"

比尔·盖茨说过："每天早晨醒来，一想到所从事的工作和所开发的技术将会给人类生活带来巨大的影响和变化，我就会无比兴奋和激动。"

你也许无法企及比尔·盖茨的高度，但你从事的工作同样会影响他人、会对他人有益，所以你也应该兴奋和激动。这样你就会爱上自己的工作，把工作当成一种乐趣。

第八章
培养创业的能力

“我时刻准备着，有一天机遇必将来临。”

——美国总统亚伯拉罕·林肯

1. 事业有为才能彰显价值

一个人的价值是由事业来体现的，与年龄、美貌等无关。

传说老子骑青牛过函谷关，在函谷府衙为府尹留下洋洋五千言《道德经》时，一位年逾百岁、鹤发童颜的老翁到府衙找他。两人在府衙前相遇。

老翁对老子略略施了个礼说："听说先生博学多才，老朽愿向您讨教个明白。"

老翁得意地说："我今年已经一百零六岁了。说实在话，我从年少时直到现在，一直是游手好闲地轻松度日。与我同龄的人都纷纷作古，他们开垦百亩沃田却没有一席之地，修了万里长城而未享辚辚华盖，建了四舍屋宇却落身于荒野郊外的孤坟。而我呢，虽一生不稼不穑，却还吃着五谷；虽没置过片砖只瓦，却仍然居住在避风挡雨的房舍中。先生，是不是我现在可以嘲笑他们忙忙碌碌劳作一生，只是给自己换来一个早逝呢？"

老子听了，微微一笑，吩咐府尹说："请找一块砖头和一块石头来。"

老子将砖头和石头放在老翁面前说："如果只能择其一，仙翁您是要砖头还是愿取石头？"

老翁得意地将砖头取来放在自己的面前说："我当然择取砖头。"

老子抚须笑着问老翁："为什么呢？"

老翁指着石头说："这石头没楞没角，取它何用？而砖头却用得着呢。"

老子又招呼围观的众人问："大家要石头还是要砖头？"

众人都纷纷说要砖而不取石。

老子又回过头来问老翁："是石头寿命长呢，还是砖头寿命长？"

老翁说："当然是石头了。"

老子释然而笑说："石头寿命长人们却不择它，砖头寿命短，人们却择它，不过是出于有用和没用的考虑罢了。天地万物莫不如此。寿虽短，于人于天有益，天人皆择之，皆念之，短亦不短；寿虽长，于人于天无用，天人皆摒弃，倏忽忘之，长亦是短啊。"

老翁顿然大惭。

事业有为，价值彰显，人们才会认可你，敬仰你；你的家人，你的亲朋好友，才会以你为骄傲；如果你为社会发展做出的贡献足够大，国家、甚至国际社会都会以你为骄傲。

树立事业心，踏踏实实学习，将来才能事业有成，才能彰显自我价值。

2. 心有多大舞台就有多大

中央电视台第 3 频道有一句广告词：“心有多大，舞台就有多大。”

一天，一位记者到建筑工地采访，分别问了三个建筑工人一个相同的问题：“你正在干什么？”

第一个建筑工人头也不抬地回答：“我正在砌一堵墙。”

第二个建筑工人抬头回答：“我正在盖房子。”

第三个建筑工人笑眯眯地回答：“我在为人们建筑漂亮的家园。”

记者觉得三个建筑工人的回答很有趣，就将其写进了自己的报道。若干年后，记者在整理过去的采访记录时，突然看到了这三个回答，三个不同的回答让他产生了强烈的欲望，想去看看这三个建筑工人现在的生活怎么样。等他找到这三个建筑工人的时候，结果令他大吃一惊：当年的第一个建筑工人现在还是一个建筑工人，仍然像从前一样砌着他的墙；而在施工现场拿着图纸的设计师竟然是当年的第二个建筑工人；至于第三个建筑工人，记者没费多少工夫就找到了，他现在成了一家房地产公司的老板，前两个人正在为他工作。

如果有记者问你那个问题，你会怎么回答？

有三个答案供你选择：（1）“没看见吗？我在读大学。”（2）“我在为了毕业后找一份工作而读书。”（3）“我正在好好读书，为将来做一番事业打好基础。”

第一种人，也许能够大学顺利毕业；第二种人，也许能够找到一份不错的工作；第三种人，肯定比前两种人更有成就。

心有多大，舞台就有多大。赶快树立目标，并持续提升自己的能力吧。

3. 绝不安于现状

人生就像是乘坐一列火车。

有一个人经常出差，经常买不到对号入坐的车票。可是无论长途短途，无论车上多挤，他总能找到座位。

他的办法其实很简单，就是耐心地一节车厢一节车厢找过去。这个办法听上去似乎并不高明，但却很管用。每次，他都做好了从第一节车厢走到最后一节车厢的准备，可是每次他都用不着走到最后就会发现空位。他说，这是因为像他这样锲而不舍找座位的乘客实在不多，经常是在他落座的车厢里尚余若干座位，而在其他车厢的过道和车厢接头处，却是人满为患。

他说，大多数乘客轻易就被一两节车厢拥挤的表面现象迷惑了，不大细想在数十次停靠之中，从火车十几个车门上上下下的流动中蕴藏着多少机遇；即使想到了，他们也没有那一份寻找的耐心。眼前一方小小立足之地很容易让大多数人满足，他们会觉得为了一两个座位背负着行囊挤来挤去实在是不值；他们还担心万一找不到座位，回头连个好好站着的地方也没有了。与生活中一些安于现状不思进取害怕失败的人永远只能滞留在起点上一样，这些不愿主动找座位的乘客大多只能在上车后最初的落脚之处一直站到下车。

大学以前，作为一个未成年人，你根本不用担心找不到座位，因为你的父母会为你找。身为大学生，能否自己找到座位，找一个怎样的座位，就是你自己的事了。

当看到火车上站着的人是那么多时，有的人心里不禁发毛了，接着就泄气了，心想那么多人站着，咱也站着吧，就安于现状了。但有的人锲而不舍地一节一节车厢找过去，最终总会找到座位。

那个座位，就是将来你的工作，你的事业。绝不安于现状，你才会找到舒适的座位。

在大学里，你就要树立绝不安于现状的进取精神。如果你一直沉浸在大学的那份安逸里，混完4

年，走上社会后你会很吃力；比起那些在大学里努力学习、做好充分准备的同学，你要付出更大的代价，而且还未必能在竞争中获胜。

4. 不妨尝试“死亡激励法”

“苹果之父”斯蒂夫·乔布斯在斯坦福大学毕业典礼演讲时讲过这样一句话：“如果你把每一天都当成你生命里的最后一天，你将在某一天发现原来一切皆在掌握之中。”

五官科病房里同时住进来两位病人，都是鼻子不舒服。在等待化验结果期间，甲说，如果是癌，立即去旅行，并首先去拉萨。乙也同样如此表示。结果出来了，甲得的是鼻癌，乙长的是鼻息肉。

甲列了一张告别人生的计划表离开了医院，乙住了下来。甲的计划表是：去一趟拉萨和敦煌；从攀枝花坐船一直到长江口；到海南的三亚以椰子树为背景拍一张照片；在哈尔滨过一个冬天；从大连坐船到广西的北海；登上天安门；读完莎士比亚的所有作品；力争听一次阿炳原版的《二泉映月》；写一本书。凡此种种，共27条。

他在这张生命的清单后面这么写道：我的一生有很多梦想，有的实现了，有的由于种种原因没有实现。现在我的时间不多了，为了不留遗憾地离开这个世界，我打算用生命的最后几年去实现剩下的这27个梦。

当年，甲就辞掉了公司的职务，去了拉萨和敦煌。第二年，又以惊人的毅力和韧性通过了成人考试。这期间，他登上过天安门，去了内蒙古大草原，还在一户牧民家里住了一个星期。现在这位朋友正在实现他出一本书的宿愿。

有一天，乙在报上看到甲写的一篇散文，打电话去问甲的病。甲说，我真的无法想象，要不是这场病，我的生命该是多么的糟糕。是它提醒了我去做自己想做的事，去实现自己想去实现的梦想。现在我才体味到什么是真正的生命和人生。你生活得也挺好吧？乙没有回答。因为在医院时说的去拉萨和敦煌的事，早已因患的不是癌症而忘到脑后去了。

大学是理想的圣地，哪个大学生不在勾画自己的宏伟蓝图呢？

然而，大多数人仅仅是想想罢了，因为惰性制约了积极性，每当要去做时又拖延了下去。理由往往很充分："时间还有的是，干吗那么急呢？"

假如你的生命还有3年、5年或者10年，你会怎么做？如果你是一个有事业心的人，你一定会珍惜时间，尽可能地去实现自己的夙愿。

所以，你不妨用"死亡激励法"来激励自己：时间不多了，赶紧努力吧！

5. 打开自己身体的引擎

一个人如果没有事业心，无论学习还是工作，就都会得过且过、不求上进，自然很难做出成绩。

俄克拉荷马州的一块儿土地上发现了石油，该地的所有权属于一位年老的印第安人。这位老印第安人终生都生活在贫穷之中，发现石油以后，顿时变成了有钱人。于是他买了一辆凯迪拉克豪华旅行车。一顶林肯式的礼帽，打个领结，并且抽一根黑色大雪茄——这就是他出门时的装备。

每天他都开车到附近的小俄克拉荷马城。他想看每一个人，也希望被每个人所看到。他是一个友善的老人，当他开车经过城镇时，会把车一下子开到左边，一下子开到右边，跟他所遇见的每个人说话。有趣的是，他从未撞过人，也从未伤害人。理由很简单，在他的大汽车正前方，有两匹马拉着。

当地的技师说那辆汽车一点毛病也没有，这位老印第安人永远学不会插入钥匙去开动引擎。汽车内部有一百匹马力，而现在许多人都误以为那辆汽车只有两匹马力而已。

有的人缺乏事业心，是因为他们认为自己没有成就一番事业的能力。

其实，每个人都蕴藏了巨大的能量和潜力。比如心理学家卡尔·西秀认为，仅记忆而言，一般人只用了10%。

可见，并不是你欠缺成就事业的能力，而是没有像别人那样打开自己身体的引擎。

打开自己身体的引擎，你就会获得成就事业的能量。

6. 自伞自度

求人不如求己。自伞自度，你一定会成就一番事业。

某人在屋檐下躲雨，看见观音正撑伞走过。这人说："观音菩萨，普度一下众生吧，带我一段如何？"

观音说："我在雨里，你在檐下，而檐下无雨，你不需要我度。"这人立刻跳出檐下，站在雨中："现在我也在雨中了，该度我了吧？"观音说："你在雨中，我也在雨中，我不被淋，因为有伞；你被雨淋，因为无伞。所以不是我度自己，而是伞度我。你要想度，不必找我，请自找伞去！"说完便走了。

第二天，这人遇到了难事，便去寺庙里求观音。走进庙里，才发现观音的像前也有一个人在拜，那个人长得和观音一模一样，丝毫不差。

这人问："你是观音吗？"

那人答道："我正是观音。"

这人又问："那你为何还拜自己？"

观音笑道："我也遇到了难事，但我知道，求人不如求己。"

要想成就一番事业，先得树立自力更生、艰苦创业的思想，而不能总想着找人帮忙。因为别人能帮忙也是暂时的，没人能帮你一辈子。自力更生、艰苦创业，虽然刚开头会很艰难，但你在这个过程中能得到锻炼、积累经验，这可不是帮忙能帮出来的。

树立了这个思想后就要提升自己的能力。正如观音所说："你要想度，不必找我，请自找伞去！""伞"就是能力，帮你成就事业的能力。而要得到这把"伞"，就得珍惜光阴，把握住大学里的各种机会，好好学习。

7. 短期目标也重要

一个人没有远大的目标，自然很难取得卓越的成就。

但一个人只盯着长远目标，不注重短期目标，那长远目标只会成为空中楼阁。

从前，有两个饥饿的人得到了一位长者的恩赐：一根鱼竿和一篓鲜活硕大的鱼。一个人要了一篓鱼，另一个人要了一根鱼竿，于是他们分道扬镳了。得到鱼的人原地就用干柴搭起篝火煮起了鱼，他狼吞虎咽，还没有品出鲜鱼的肉香，转瞬间，就连鱼带汤吃了个精光。不久，他便饿死在空空的鱼篓旁。另一个人则提着鱼竿继续忍饥挨饿，一步步艰难地向海边走去，可当他已经看到不远处那片蔚蓝色的海洋时，他的最后一点力气也使完了，只能眼巴巴地带着无尽的遗憾撒手人间。

又有两个饥饿的人，他们同样得到了长者恩赐的一根鱼竿和一篓鱼。只是他们并没有各奔东西，而是商定共同去找寻大海，他俩每次只煮一条鱼，经过长途跋涉，来到了海边。从此，两人开始了捕鱼为生的日子。几年后，他们盖起了房子，有了各自的家庭、子女，有了自己的渔船，过上了幸福安康的生活。

确立了长远目标，然后搞明白当前先干什么，是非常重要的。因为万事开头难，起好头非常关键。

切记，短期目标与长远目标同样重要，要想成就事业，就必须把两者有机地结合起来。

8. 让目标看得见

你的目标很远大但很模糊，还是很具体很清

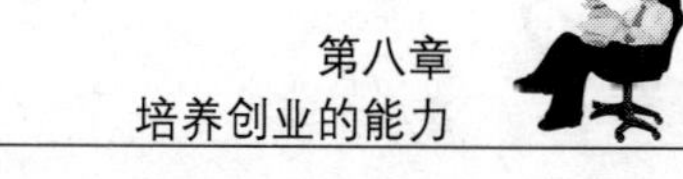

晰呢？

雪地行军是桩危险的事，它极易使人患上雪盲症以至迷失行进的方向。但人们感到奇怪，若仅仅是因为雪的反光太刺眼，为什么戴上墨镜之后，雪盲症仍不可避免呢？

最近美国陆军的研究部门得出结论：导致雪盲症的并非雪地的刺眼反光，而是它的空无一物。科学家说：人的眼睛其实总在不知疲倦地探索世界，从一个落点到另一个落点。要是连续搜索而找不到任何一个落点，它就会因紧张而失明。

美国陆军对付雪盲症的办法是，派先驱部队摇落常青灌木上的雪。这样，一望无垠的白雪中便出现了一丛丛、一簇簇的绿色景物，搜索的目光便有了落点。

可见，如果人的目光连续搜索而找不到任何一个落点，就会因紧张而失明。

同样，如果人的目标看起来总是那么遥远，就很容易泄气而放弃目标。

1952 年 7 月 3 日，世界著名游泳选手弗罗伦丝·查德威克从卡塔林那岛向加州海岸游去。游到 16 个小时的时候，她感到又累又冷，已经筋疲力尽了，更使她灰心的是茫茫大海中看不到目标。她终于感到再也难以维持了，于是向小船上的人请求上船。尽管船上的人都劝她，离海岸只有 800 米了，但迷茫的目标已经动摇了她的信心，在她的再三请求下，人们把她拉上了船。后来弗罗伦丝·查德威克总结说："令我半途而废的不是疲劳和寒冷，而是我看不到目标，不知道自己游了多少，我看不到自己进步，所以我泄气了。"

9. 别让经验缚住手脚

一个善于积累和运用经验的人，做起事来往往效率很高，遇到难题时会很快找到解决问题的方法，但偶尔也会被经验缚住了手脚。

有人曾经做过这样一个实验：他往一个玻璃杯里放进一只跳蚤，发现跳蚤立即轻易地跳了出来。再重复几遍，结果还是一样。根据测试，跳蚤跳的高度一般可达它身体的400倍左右，所以说跳蚤可以称得上是动物界的跳高冠军。

接下来实验者再次把这只跳蚤放进杯子里，不过这次立即在杯上加了一个玻璃盖，"呯"的一声，跳蚤重重地撞在玻璃盖上。跳蚤十分困惑，但是它不会停下来，因为跳蚤的生活方式就是跳。一次次被撞后，跳蚤开始变得聪明起来——它开始根据盖子的高度来调整自己所跳的高度。过了一阵，这只跳蚤再也没有撞击到这个盖子，而是在盖子下面自由地跳动。

一天后，实验者把这个盖子轻轻拿掉，但跳蚤不知道盖子已经去掉了，它还是在原来的那个高度继续地跳。

三天以后，他发现这只跳蚤还在那里跳。

直到一周以后，这只可怜的跳蚤还在这个玻璃杯里不停地跳着——其实它已经无法跳出这个玻璃杯了。

可见，如果墨守成规，就很容易被所谓的经验缚住手脚。

经验诚可贵，但不是用在哪儿都灵验。在运用经验时，要首先搞明白所处的环境和条件有什么变化，是全盘吸收，还是有所借鉴，这是运用经验的前提。

10. 有了好的想法就去做

当今社会，很多人事业的成功都是源自于一个好的创意。

当然，也有很多人抱着一个好的创意，却永远与成功无缘，因为他只是把创意储存在大脑里，或者写在纸上，却不动手付诸实践。

迪斯尼在好莱坞工作时曾注意到：来好莱坞参观的人大都是乘兴而来败兴而去。这使他萌生了自己办游乐园的想法：把风景、娱乐、乡情、购物、展览、卖书等项目集于一体，让孩子们有个感兴趣的地方，甚至因为好玩的去处数不胜数而来了就不想走。他还想到，电影只能红一时，而乐园可以永远办下去，由此他坚定了办迪斯尼乐园的决心，并坚信它将是世界上绝无仅有的好玩的地方，一定会成功。

为了实现“迪斯尼乐园”的梦想，他注册成立了迪斯尼公司。他还为此专门考察了欧洲公园。那些惹人喜欢的小动物让他流连忘返，于是他索性买回来，如撒丁尼亚的矮驴等。

在迪斯尼乐园正式动工修建前，迪斯尼亲自参与施工设计，甚至于包括各种树形、垃圾箱等小问题的设计他都参与其中。

迪斯尼乐园建成后，孩子们成群结队地拥来，大人们也跟了来，随后世界各地的人也都不远万里来到美国逛迪斯尼乐园。迪斯尼乐园的每一处都让人欣喜若狂，流连忘返，因而成为了世界第一的人文景观、世界第一的人间乐园。

有了好的想法就去做，要不创意再好，也仅是一个想法而已。

况且，你能想到的事，别人可能也会想到，谁抢先去做，谁就占得了先机；而落后的那一个，只能欣赏着别人的成功，收获着自己的落寞。

11. 做事切忌优柔寡断

优柔寡断，是成就事业的一大忌。

美籍华人巨商王安，常常讲自己小时候发生的一件遗憾之事：

王安6岁时进入他父亲任教的一所私立小学读书，由于这所学校不设一、二年级，他上学第一天读的就是三年级。放学后王安喜欢到树林中去玩耍。一次，突然从树上掉下一个鸟巢，里面有一只嗷嗷待哺的小麻雀。他非常喜欢这只小鸟，想带回家饲养。但他走到家门口时突然想到母亲曾说过，不许在家养小动物。于是，他把小麻雀藏在门后，先去说服妈妈同意让他饲养。好说歹说，妈妈终于同意了。可当他跑到门后去拿小麻雀时，大吃一惊：一只大花猫正在那里意犹未尽地舔舐着血红的嘴巴！小麻雀成了大花猫的点心！

他伤心地哭了。

在激烈的竞争中，谁把握机会的能力强，谁就占得先机。如果当你觉察到机会来临，或者机会突然降临到你头上时，你却瞻前顾后、优柔寡断，那就只会让你错失机会。

把握机会，需要快速决策。经过充分分析后，要么放弃，要么立即动手去做。

12. 迎难而上

困难像弹簧，你弱它就强。

一个8岁的小女孩去教士的家里学刺绣。每当她走到教士家门口时，便会有一只恶狠狠的雄鹅朝她追过来，好几次还啄了她。女孩吓得大哭一场，再也不愿意去学刺绣。她的母亲想尽种种办法劝她，但她说如果没有人给她壮胆，她是再不肯去学的。女孩的父亲于是找了根长长的棍子交给他5岁的小儿子，对他说："希望你的胆子比姐姐大。"并告诉他："如果雄鹅来了，你只管大胆向它走去，然后用棍子用力打它，它就会害怕地跑掉了"。

小男孩跟着姐姐来到教士家。刚打开院门，那只凶猛的雄鹅便高高地伸着脖颈，尖叫着向他们冲过来。男孩的姐姐尖叫着转身就跑。小男孩也害怕了，想跑，但他想起了父亲的话，于是闭上眼，哆嗦着伸出手中的棍子在前面一通乱打，雄鹅被吓住了，大叫着回到一群鹅中间去了。

这个小男孩就是德国著名的电器发明家，他的名字叫西门子。

一个人在学习工作过程中，难免会遇到困难，这是再正常不过的事了。有的人在困难面前畏难发愁，满腔热情也会随之消去，这样的人无论从事一项多么有前途的事业，也会半途而废。

其实，只要你勇敢面对困难，积极寻求解决的办法，就一定会战胜困难。遇到一点困难就被吓倒的人，是永远不会成功的。

13. 勇于求助

能自己完成的事情，就不要求助他人。但是，如果自己力不能及呢？

星期六上午，一个小男孩在他的玩具沙箱里玩耍。沙箱里有他的一些玩具小汽车、敞篷货车、塑料水桶和一把亮闪闪的塑料铲子。在松软的沙堆上修筑公路和隧道时，他在沙箱的中部发现了一块大石头。

小家伙开始挖掘石头周围的沙子，企图把它从泥沙中弄出去。他手脚并用，连推带滚，终于把石头弄到了沙箱的边缘。不过，这时他才发现，他无法把石头向上滚动，翻过沙箱边墙。

小男孩下定决心，手推、肩挤、左摇右晃，一次又一次地向石头发起冲击，可是，每当他刚刚觉得取得了一些进展的时候，石头便滑下来，重新掉进沙箱里。

小男孩哼哼直叫，拼出吃奶的力气猛推猛挤。但是，他得到的唯一回报便是石头再次滚落回来，砸伤了他的手指。

最后，他伤心地哭了起来。这整个过程，男孩的父亲在起居室的窗户里看得一清二楚。当泪珠滚过男孩的脸庞时，父亲来到了他跟前。

父亲的话温和而坚定："儿子，你为什么不用上所有的力量呢?"

垂头丧气的小男孩抽泣道："但是我已经用尽全力了，爸爸，我已经尽力了！我用尽了我所有的力量!"

"不对，儿子，"父亲亲切地纠正道，"你并没有用尽你所有的力量。你没有请求我的帮助。"

父亲弯下腰，抱起石头，将石头搬出了沙箱。

一个人做事，要养成自己动手、不断挖掘自己潜力的习惯。但这并不意味着你必须完全依靠自己，不能寻求他人的帮助。

尤其是在做一件大事的时候，你一个人的力量很可能不足以解决所有的问题，这时如果借助他人的力量能成功解决问题，为什么还非要势单力孤地硬拼呢?

求助也是尽心尽力的一种表现。在自己很难突破的时候，如果能借势而发，就不要单打独斗，做无谓的牺牲。

14. 成事须戒躁

做事情一定要遵循事物的发展规律，任何急于求成的行为都可能导致功败垂成。

有个小男孩在草地上玩，忽然发现了一个蛹，就捡回了家，要看蛹如何化成蝴蝶。过了几天，蛹上出现了一道小裂缝，里面的蝴蝶挣扎了好几个小时，身体似乎被什么东西卡住了，一直出不来。小孩想助蝴蝶一臂之力，就拿起剪刀把蛹剪开，帮助蝴蝶脱蛹而出。但是蝴蝶的身躯臃肿，翅膀干瘪，根本飞不起来。这只蝴蝶注定要拖着笨拙的身子与不丰满的翅膀爬行一生，永远无法飞翔了。

有的人在做事过程中，进展受阻，或者发展速度比预期的要慢，便铤而走险走“捷径”；还有的人在学习、工作原本进行十分顺利时，头脑发热地追求更快更强，搞“大跃进”，结果最后陷入困境之中，自食其果。

更快，更强，是每个人做事所追求的；遵循事物的发展规律，也是每个人应牢记的。

15. 为思考插上翅膀

比尔·盖茨曾经说过："微软公司的唯一资产就是员工的想象力。"

一家建筑公司的经理忽然收到一份购买两只小白鼠的账单，不由好生奇怪。原来这两只老鼠是他的一个部下买的。他把那部下叫来，问他为什么要买两只小白鼠?

部下答道："上星期我们公司去修的那所房子，要安装新电线。我们要把电线穿过一根10米长、但直径只有2.5厘米的管道，而且管道是砌在砖石里，并且弯了4个弯。我们当中谁也想不出怎么让电线穿过去，最后我想了一个好主意。我到一个商店买来两只小白鼠，一公一母。然后我把一根电线绑在公鼠身上并把它放到管子的一端。另一名工作人员则把那只母鼠放到管子的另一端，逗它吱吱叫。公鼠听到母鼠的叫声，便沿着管子跑去救它。公鼠沿着管子跑，身后的那根线也被拖着跑。我把电线拴在线上，小公鼠就拉着电线跑过了整个管道。"

积极思考的人，在做事的过程中会善于发现问题，分析问题，找出产生问题的症结所在，并切实解决问题。

而不善思考的人，做事自然因循守旧，遇到难题也会人云亦云，难以突破，更难以创新。

养成积极思考的习惯吧。为思考插上翅膀，让想象力飞翔起来，什么难题也不能把你阻挡。

16. 从信息中捕捉机会

当今社会是信息社会，日新月异的社会发展制造着大量的信息，每天通过各种媒体传递着。其中不少有价值的信息蕴藏着创业的机会。你一旦发觉并牢牢抓住，就能获得成功。

多川博是日本生产雨衣的小厂老板。由于后来雨衣市场的严重供大于求，他的小厂陷入了经营的困难，连工人工资也发不出，眼看就要破产了。

一天，他无意中翻阅报纸看到一条新闻，马上眼前一亮。这条消息是：日本每年增加新生儿是250多万。他不由得想：婴儿生下来最需要的哪样东西与自己生产雨衣的技术有关系？他想到新生婴儿用的尿垫和雨衣一样是防漏的，唯一不同的是吸水性强、柔软。

他一计算，每个婴儿每天总要用5~6个尿垫，250万×5=1250万个尿垫。现在时代变了，很多婴

儿的年轻母亲不愿做也不大会做尿垫，所以只能购买。于是，多川博找了多位技术专家，研究设计出了柔软、吸湿、美观、方便的尿垫，然后大规模生产，并且价格十分便宜，适用于任何家庭。为了使之成为亲戚朋友的礼品，多川博又专门研究出了“礼品尿垫”，颜色鲜艳、包装华丽，产品一上市就被抢购一空。再加上尿垫是小商品，大企业不屑一顾，小企业又隔行，更主要是在于谁也没想到投资尿垫会有钱可赚，结果多川博一炮打响，成为日本生产100多种尿垫的“尿垫大王”。

后来，他想到国际市场同样有尿垫需求，于是他的尿垫又大量出口，成为了“世界尿垫大王”。

可见，养成浏览信息的习惯是多么重要。浏览信息时，阅读面要广，报纸、网络、电视等，凡是承载信息的载体都不应放过。

之后，凭借对创业的敏感，筛选出有价值的信息。

然后再认真分析收藏的信息，如果通过论证认定是创业的好机会，就要马上付诸行动。

没准你就是下一个比尔·盖茨或迈克尔·戴尔。

17. 高瞻远瞩才有远见卓识

你在选择一项工作作为事业起点的时候，一定要高瞻远瞩，切忌只顾眼前利益，这样才会有持续的发展，才能一步一步成就自己的事业。

有两个企业都想在某郊区投资地产，并各派了专人前去调查那里的情况。结果A企业的人在考察之后，向公司报告说："那里人口稀少，房产业发展机会渺茫，房子修好了也没有人来住。"而B企业的人则在考察之后，向公司报告说："该地虽然人口稀少，但那里环境优雅，人们厌倦了城市的喧嚣，定会喜欢在那里购置房产。"果然不出B企业的所料，随着城市包围农村，城里人越来越向往农村生活，建好的房子很快就销售一空。事实证明B企业的投资是明智的。

高瞻远瞩的人，看到的是长远利益。一份工作目前看虽然不起眼，甚至不体面，但却能锻炼自己，提升自己的能力，若干年后使你成为这一行业的佼佼者；一份事业，目前看虽然遭遇冷清，甚至没多少赢利的空间，但若干年后就会兴隆起来。只有能做出这样的选择，才能称得上有远见卓识，才称得上成功。

目光短浅的人，只看到眼前利益，哪行热门就向哪行里钻，流行什么就跟风干什么，结果做出点成绩也是暂时的，事业即使有所发展，也后劲不足。

18. 不创新就灭亡

著名的管理学大师彼得·德鲁克说过："面对变化，唯有创新。不创新，就灭亡。"

福特汽车公司的创始人老福特，是一个农民的儿子。他最了解美国的农村，地广人稀，需要农用客货两用车，而且那时候道路不太好，农民的文化水平又低，农民需要的是操作简单、坚固耐用的汽车。所以他结合这个特点，生产出了操作简单、结实耐用、价格低廉的"T"型车，迎合了大多数人的需要，福特汽车很快就占据了世界汽车市场份额的68%。

在这个过程中，老福特不断创新。当时别的汽车厂都是每天工作10个小时，每天3美元，他却推出"8小时工作制"、"每天5美元"等制度，表面上这对他的原始积累很不利，但是实际上他吸收了很多熟练工人，提高了工作效率。

另外，他还发明了"生产流水线"，还创造性地提出了"科学管理"的管理理论。由于经营的成功，当时可以用富可敌国来形容福特家族。但是，后来老福特的创新教条化了。到20世纪20年代的时候，美国社会进入了大众化富裕的时代。老福特是农民的儿子，他认为应该勤俭生活，所以还拼命地生产"T"

型车。可是美国人已经不需要这种车了，因为道路已经修好了，人们开始要求汽车速度快、造型美观、节能省耗、具有个性化了。而福特汽车公司的产品不仅颜色单调，而且耗油量大、排废量大，完全不符合日益紧张的石油供应市场和日趋严格的环境保护要求。

小福特建议老福特推出豪华型轿车，但老福特不为所动。而通用汽车公司和其他几家汽车公司则紧扣市场需求，制定正确的战略规划，生产节能省耗、小型轻便的汽车，在20世纪70年代的石油危机中，后来居上，使福特汽车濒临破产。

老福特这才意识到自己的判断错误，转而根据小福特的意见推出豪华型轿车，但是先机已经失去，直到今天，福特汽车也没有夺回它昔日龙头老大的地位。在这种情况下，老福特用血的教训总结出："不创新，就灭亡。"

一个企业成长的过程，就是不断创新的过程。一旦停止创新，靠吃老本过日子，很快就会坐吃山空，濒临破产。

所以，一个人在大学里，就要树立创新的思想，并在各种实践活动和科研活动中勇于创新，锻炼自己的创新能力。

将来走上工作岗位，继续坚持创新，你才会脱颖而出；开创一份属于自己的事业，也要把不断创新作为管理的重点，这样才会持续发展。

"不创新，就灭亡"，绝非危言耸听。

19. 创新思维是制胜法宝

约翰·丹佛（美国硅谷著名的股票经纪人，也是跻身美国10亿身价俱乐部的成员）曾经说过：跟在别人后面跑，就只能吃别人的剩饭；只有拥有与众不同的思维，才能永远走在他人的前面。

意大利穷小子贾尼尼登上了美国最大银行的总裁宝座！他是怎样一步步走向成功的呢？

贾尼尼是这么想的：所有银行都是大股东银行，可为什么汽车行业有面向一般群众的汽车产品，银行业就没有面向一般大众的银行呢？他凭借多年做中间商的经验，深信面向大众的银行有着广阔的发展前景。

为了验证自己的想法，贾尼尼的第一招是先把信贷客户扩大到农民，甚至雇农、工人，但他遭到了银行界的嘲讽，也遭到了董事会的抗议，不得不辞去职务，自办一个以穷人为消费对象的银行。此时，他特别邀请了美国国家银行高级职员法根做经济顾问。

贾尼尼的第二招是自己不控股，不当大股东，而是要“穷人”当股东。法根很疑惑地说：“这是不按常理出牌。”贾尼尼决心自己办一个成千上万老百姓做股东的实实在在的大众银行。于是渔民、小商人、

工人、农民、理发店老板都成为他银行的小股东和客户。3个月不到，他创办的银行储蓄就超过10万美元。穷人不如富豪有钱，但穷人人数多，因此资金总量并不少。

贾尼尼发现家庭开支都是妇女当家，只要吸引住妇女就等于打开了所有家庭的钱柜。于是他的第三招就是聘请女士们心目中的偶像、美男子佩德里尼担任经理，并作为银行形象大使出入妇女最集中的舞厅、酒吧，在妇女中产生了深刻的影响。不久，妇女界的名人，如一些银行总经理夫人也前来存款，吸引了更多妇女名人慕名前来。即使在贷款额远大于存款额、经济顾问忧心忡忡时，贾尼尼也非常高兴地说："正是我这无保小额贷款制度的风险，使我们打败了美国许多银行，登上了美国第一银行的宝座。"

创新思维就是想别人想不到的，干别人不敢干的，唯有如此才会走在竞争者的前面。

所以，不要老盯着别人在干什么，而是要想想还有什么别人没有干——小到新的工作方法，大到新的事业；然后在这上面下工夫，你才会取得大的成功。

20. 破旧是立新的根本

有的人缺乏创新思维，是因为不敢打破旧的条条

框框，而宁愿陶醉在过去的成就和陈规陋习之中。

美国戴尔公司董事长迈克尔·戴尔上小学时有一次无意中看到报纸上有一则广告：“只要通过我们考试中心的一个测试，您就能直接拿到高中毕业证书。”小戴尔高兴得跳起来，心想这可是天大的好事。如果省掉那些枯燥的课程、傲慢的老师和繁重的考试，就能直接高中毕业，那真是大快人心！想到这儿，戴尔笑得合不拢嘴，然后马上兴致勃勃地拨打了广告中的电话。

考试中心的人果然上门服务了，可是看到接待他们的“客户”居然只是个小毛孩儿时，感到十分诧异。

从此，一个不同寻常的想法开始在小戴尔心中萌生，那就是：我们为什么不可以尽量省掉那些看起来繁冗复杂的中间过程，直接一步到位呢？这并不是痴人说梦，因为就凭借着这个设想，戴尔在仅仅 18 岁时就创造了神话般的直销奇迹，并创立了一种崭新的经营模式！

破旧是立新的根本。只有先把旧的推翻，才能出新。不然，你老是仰视旧的东西，它就会成为一座大山，而你永远无法逾越过去。

当然，破旧也不是失去理性地去破。你可以先假设旧的东西不对，或已经不再适应形势的发展，然后再思考用什么更好的方法取而代之。创新往往就是思考的结果。

21. 无形胜有形

在知识经济时代，一个好的创意往往就会带来数以万计的利润。

美国的一个摄制组，想拍一部中国农民生活的纪录片。于是他们来到中国某地农村，找到一位柿农，说要买他1000个柿子，请他把这些柿子从树上摘下来，并演示一下贮存的过程，谈好的价钱是1000个柿子给160元人民币，折合20美元。

这位柿农很高兴地同意了，于是他找来一个帮手开始工作。工作过程并不复杂：一个人爬到柿子树上，用绑有弯钩的长杆，看准长得好的柿子用劲一拧，柿子就掉了下来；下面的一个人就从草丛里把柿子找出来，捡到一个竹筐里。柿子不断地掉下来，滚得到处都是。下面的人则手脚飞快地把它们不断地捡到竹筐里，同时还不忘高声大嗓地和树上的人拉着家常。在一边的美国人觉得这很有趣，自然全都拍了下来，接着又拍了他们贮存柿子的过程。

美国人付了钱就准备离开，那位收了钱的柿农却一把拉住他们说："你们怎么不把买的柿子带走呢？"美国人说不好带，也不需要带，他们买这些柿子的目的已经达到了，这些柿子还是请他自己留着。

天底下哪有这样便宜的事情呢？那位柿农心里想。于是他很生气地说：“我的柿子很棒呢，质量好得很，你们没理由瞧不起它们。”美国人耸耸肩，摊开双手笑了。他们就让翻译耐心地跟他解释，说他们丝毫没有瞧不起他这些柿子的意思。

翻译解释了半天，柿农才似懂非懂地点点头，同意让他们走。但他却在背后摇摇头感叹说：“没想到世界上还有这样的傻瓜！”

那位柿农不知道，他的1000个柿子虽然原地没动地就卖了20美元，但那几位美国人拍摄的他们采摘和贮存柿子的纪录片，拿到美国去却可以卖更多更多的钱。

那位柿农也不知道，在那几个美国人眼里，他的那些柿子并不值钱，值钱的是他们的那种独特有趣的采摘、贮存柿子的生产生活方式。

那位柿农不知道，一个柿子在市场上只能卖一次，但如果将柿子制成“信息产品”，一个柿子就可以卖一千次一万次甚至千千万万次。

那位柿农和美国人的分歧，在于他们对经济价值实现方式的认识不同。

正如那位柿农一样，有很多创业的人，眼光总盯着有形的东西，做实实在在的产品；而有的人则专注于无形的东西，如做标准和做技术，看不见摸不着，却更具有经济价值。

现在流行的说法是：一流企业做标准，二流企业做技术，三流企业做产品。微软、英特尔，就是靠那看不见的标准，做到了全球巨无霸的地位。

创业，就要做有科技含量的东西，这样才会有竞争力。所以，要珍惜大学时光，好好学习，将来才能用知识改变世界。

22. 细节决定成败

有人认为做事就要做大事，专注于小事和盯着细节的人，是不会取得大的成功的。真是这样吗？

王永庆15岁小学毕业后，到一家小米店做学徒。第二年，他用父亲借来的200元钱做本金自己开了一家小米店。

当时大米加工技术比较落后，出售的大米里常混杂着米糠、沙粒、小石头等，买卖双方都是见怪不怪。但王永庆却在每次卖米前都把米中的杂物拣干净，这一额外服务深受顾客欢迎。

王永庆卖米多是送米上门。他在一个本子上详细记录了顾客家有多少人、一个月吃多少米、何时发薪等。算算顾客的米该吃完了，就送米上门；等到了顾客发薪的日子，再上门收取米款。而且，他给顾客送米时，并非送到就了事。他会帮人家将米倒进米缸里。如果米缸里还有米，他就将旧米倒出

来，将米缸刷干净，然后再将新米倒进去，将旧米放在上层。这样，米就不至于因陈放过久而变质。他这个小小的举动令不少顾客深受感动，铁了心专买他的米。

就这样，王永庆的生意越来越好，他也从这家小米店起步，最终成为日后台湾化工业的“龙头老大”。

王永庆的创业经历证明，完美在于细节，细节决定成败。

密斯·凡·德罗是20世纪世界上4位最伟大的建筑师之一，他用一句最精炼的话来描述他成功的原因，即“魔鬼在细节”。他反复强调的是，不管你的建筑设计方案如何恢弘大气，如果对细节的把握不到位，就不能称为一件好作品。同样，任何一项工作，如果细小的部分做不好，就称不上完美。

细节的疏忽有时还会导致整项工作的失败。在一次探月活动中，美国飞船已经到达月球却无法着陆，最终以失败告终。事后，科学家查找原因时发现，原来是一节30美元的电池出了问题。起飞前，工程人员做检查时重点检查了“关键部位”，却忽略了这个小细节。结果，一节30美元的电池让几十亿美元的投资和科学家们的心血付之东流。

所以，你一定要养成重视细节的习惯。只有这样，将来你才能把工作做到完美，在竞争中取胜。

23. 沟通是一门艺术

当今社会，沟通已变得越来越重要。

一把坚实的大锁挂在铁门上，一根铁杆费了九牛二虎之力，还是无法将它撬开。钥匙来了，它瘦小的身子钻进锁孔，只轻轻一转，那大锁就“啪”的一声打开了。

铁杆奇怪地问：“为什么我费了那么大力气也打不开，而你却轻而易举地就把它打开了呢?”

钥匙说：“因为我最了解它的心。”

被称为“世界经理人的经理人”的杰克·韦尔奇这样说：“良好的沟通就是让每个人对事实都有相同的意见，其目的在于创造一致性。”这也是沟通的真谛。

然而，不要把沟通看做一件简单的事情，认为只要说出你的想法就什么问题都解决了。

沟通是两个人的事情，彼此尊重对方是有效沟通的前提，沟通不仅要说，还要学会倾听。当你真正了解对方时，沟通就会变得容易了。

沟通是一门艺术，谁认识到这一点，谁才会真正学会沟通。

24. 倾听是促进沟通的好方法

美国著名女企业家玫琳·凯在《玫琳·凯谈人的管理》一书中指出："不善于倾听不同的声音，是管理者最大的疏忽。"

美国南北战争期间，林肯在最艰难的时刻，写信给在普林菲尔德的好友利奥纳德·斯维特，要他立即赶往华盛顿，说有要事相商。斯维特接信后立即赶往白宫。林肯向他讲了很多关于支持和反对政府《废奴声明》的争论，接着朗诵了一些信件和报刊文章，其中大多数是咒骂林肯解放奴隶的。林肯情绪很激动，他不停地问："利奥纳德，你觉得废除奴隶制是错误的吗？为什么阻力这么大！"谈话一直进行到傍晚，斯维特只是倾听着，一句话也不说，最后他站起来，同林肯握了握手就走了。

后来斯维特回忆说："当时我从中听出林肯其实并不是想听我发表什么意见，他只是想宣泄一下，理清自己的思绪。看得出，会谈结束后，他的心情似乎舒畅了一些。"

倾听是有效沟通的重要手段。

真正的倾听能够帮助你理解别人的观点。你可以通过倾听找到别人的视角和立场，理解他们的思维模式，了解他们的感受和态度。研究交流问题的专家认为，我们所进行的交流只有10%是靠我们说的话来体现的，有30%通过我们的语调来体现，还有60%是由我们的肢体语言来表现的；在倾听的过程中，你不仅要用耳朵来听，更重要的是要用眼睛和心灵来听。你要听出对方的感情、态度。不仅用你的左脑，而且还要用你的右脑，你得学会觉察和感受。

25. 一个人强不过一个团队

在现代社会中，团队精神越来越得到企业和社会的提倡。原因很简单，在竞争日趋激烈的今天，只有一个人或大家各自为政是很难取胜的。

美国加利福尼亚大学的学者做了这样一个实验：把6只猴子分别关在3间空房子里，每间两只；房子里分别放着一定数量的食物，但放的位置高度不一样。第一间房子的食物就放在地上，第二间房子的食物分别从易到难悬挂在不同高度的适当位置上，第三间房子的食物悬挂在房顶。数日后，他们发现第一间房子的猴子一死一伤，伤的缺了耳朵断了腿，奄奄一息。第三间房子的猴子也死了。只有第二间房子的猴子活得好好的。

究其原因，第一间房子的两只猴子一进房间就看到了地上的食物，于是，为了争夺唾手可得的食物而大动干戈，结果伤的伤，死的死。第三间房子的猴子虽做了努力，但因食物太高够不着，被活活饿死了。只有第二间房子的两只猴子先是各自凭着自己的本能蹦跳取食，最后，随着悬挂食物高度的增加，够取难度增大，两只猴子只有协作才能取得食物，于是，一只猴子托起另一只猴子跳起取食。这样，每天都能取得够吃的食物，很好地活了下来。

要创业，最好先组建一个团队。众所周知，邓中翰创建中星微电子有限公司，就是从美国带回了他的三个朋友：杨晓东、张辉、金兆玮，他们都是中星微的创始人。而李彦宏回国创建百度时，找了朋友徐勇做合伙人。

信任对方，彼此协作，才会无往不胜。

26. 照顾到对方的利益

一个做事讲求双赢的人，才能赢得长远。

有一个人，在城郊建了一座电影院。电影院营业后，附近开始建饭店，超市和咖啡店也纷纷跟进。没过几年，这个地方就发展成了繁华的商业区，电影院

的收入自然也很不错。

他的一位搞房地产的朋友劝他说："你真傻，电影院一年能收入多少？你不如建楼售卖，一定比电影院的收入强多了。"

他如梦初醒，草草结束电影院的生意，贷款在电影院旁边盖楼。但让他想不到的是，楼还没竣工，附近的饭店和咖啡店就迁走了。当大楼拔地而起的时候，房价却下跌了，往日的繁华也不见了。

他最后想通了，重开电影院，这个地方才渐渐又恢复了往日的繁华。

人们越来越认识到，在竞争中损害对方的利益，甚至欲置对手于死地，其结果往往自身的利益也会受到损害，甚至还会危及自身。

于是，多少曾是冤家对头的竞争对手，开始合作研发，甚至向对方出售自己的专利和技术。他们这么做自然是为了集合大家的力量，共同把市场做大做强，实现双赢。

而那些鼠目寸光、只知靠打压对手求发展的人，到头来只会两败俱伤。

树立双赢的思想，是你开创丰功伟业的必由之路。

27. 密切关注竞争对手

有句话叫“知己知彼，百战不殆”。

北宋名将曹玮有一次率军与吐蕃军队作战，初战告捷，敌军溃逃。曹玮故意命令士兵驱赶着缴获的一大群牛羊往回走。牛羊走得很慢，落在了大部队后面。有人向曹玮建议，“牛羊用处不大，又会影响行军速度，不如将它们扔下，我们能安全、迅速赶回营地。”曹玮不接受这一建议，也不作任何解释，只是不断派人去侦察吐蕃军队的动静。吐蕃军队狼狈逃窜了几十里，听探子报告说，曹玮舍不得扔下牛羊，致使部队乱哄哄地不成队形，便掉头赶回来，准备袭击曹玮的部队。

曹玮得到这一情报，便让队伍走得更慢，到达一个有利地形时，便整顿人马，列阵迎敌。当吐蕃军队赶到时，曹玮派人传话给对方统帅：“你们远道赶来，一定很累吧。我们不想趁别人劳累时占便宜，请你让兵马好好休息，过一会儿再决战。”吐蕃将士正苦于跑得太累，很乐意地接受了曹玮的建议。等吐蕃军队歇了一会儿，曹玮又派人对其统帅说：“现在你们休息得差不多了吧？可以上阵打一仗啦！”于是双方列队开战，只一个回合，就把吐蕃军队打得

大败。

这时曹玮才告诉部下："我扔下牛羊，吐蕃军队就不会杀回马枪而消耗体力，这一去一来的，毕竟有百里之遥啊！我如下令与远道杀来的吐蕃军队立刻交战，他们会挟奔袭而来的一股锐气拼死一战，双方胜负难定；只有让他们在长途行军疲劳后稍微休息，腿脚麻痹、锐气尽失后再开战，才能一举将其消灭。"

密切关注和分析竞争对手，对对手的情况了如指掌，你才会知道对手的长处与弱点，从而找到应对的办法。成功的硅谷人都对竞争对手了如指掌，他们会通过各种渠道摸清对手底细，比如：工程师拆开对手的产品逐一分析，律师研讨对手专利权，销售人员检查对手的销售网络等。

学会关注和分析竞争对手，你就会在竞争中占据主动。

28. 没有什么比方法更重要

无论一个人的目标有多么高远，他总要通过一项一项的计划来实现；而每一项计划，又需要得当的方法去完成。所以，方法是事业的基石，没有切实可行的方法，永远建不起事业的大厦。

在一个暴风雨天，有一个穷人到富人家讨饭。

“滚开!”仆人说，“不要来打搅我们。”

穷人说：“只要让我进去，在你们的火炉上烤干衣服就行了。”

仆人以为这不需要花费什么，就让他进去了。这个可怜人，这时请求厨娘给他一个小锅，以便他“煮石头汤喝”。

“石头汤?”厨娘说，“我想看看你怎样用石头做成汤。”于是她就答应了。

穷人于是到路上拣了块石头洗净后放在锅里煮。

“可是，你总得放点盐吧。”厨娘说，她给了他一些盐，后来又给了豌豆、薄荷、香菜。最后，又把能收拾到的碎肉末都放在汤里。

当然，你也许能猜到，这个可怜人后来把石头捞出来扔回路上，美美地喝了一锅肉汤。

那个可怜的穷人居然以石头的名义，美美地喝了一锅肉汤，不得不让人佩服他方法的独特和神奇。

在学习、生活和工作中，要养成动脑子找方法的习惯，不找借口找方法，方法就会比困难多。只要方法正确，坚持下去，你就会成功。

29. 勇于在公共场合展示自己

你认为自己很棒吗?

有句俗话叫：酒香也怕巷子深。你不主动展示自己，别人又怎会了解你的价值呢？

这是一个中国留学生在美国读书的见闻：

刚到美国读书时，大学里经常有讲座，每次都是请华尔街跨国公司的高级管理人员来讲。

他发现一个有趣的现象，每次开讲前，他周围的同学总是拿一张硬纸，中间对折一下，拿极其醒目的彩笔用粗体大大地写上自己的名字，然后对着讲演者放在自己面前。当讲演者需要听者响应时，就可以直接看名字叫人。他对此极其不解，便问前面的同学。同学笑着告诉他："讲演的人都是名流、权威，他们的注意就意味着机会。当你的回答令他满意或者吃惊时，很有可能就意味着他会给你提供更多的机会。这是一个很简单的道理。"

事实的确如此，他看到周围几个同学因为独到的见解得到了一流公司的青睐。

有的人可能性格内向，或者认为是金子总会闪光的，不愿在公共场合展示自己，这种做法是不对的。

机会不会自动找到你，你必须不断地醒目地展示自己，吸引别人的关注，这样才有可能寻找到机会。

勇于在公共场合展示自己，这是一种能力。具备了这种能力，将来到社会上发展时，才会有更多胜出的机会。

后记　没有什么比忠告更有价值

一对新婚夫妇生活贫困，要靠亲友的接济才能活下去。一天，丈夫对妻子说："亲爱的，我要离开家了。我要去很远的地方找一份工作，直到我有条件给你一种舒适体面的生活才会回来。我不知道会去多久，我只求你一件事，等着我，我不在的时候要对我忠诚，我也会对你忠诚的。"

很多天后，他来到一个正在招工的庄园，并被录用了。他要老板答应他一个请求："请允许我在这里想干多久就干多久，当我觉得应该离开的时候，您就要放我走。我平时不想支取报酬，请您将我的工资存在我的账户里，在我离开的那天，您再把我挣的钱给我。"双方达成协议。

年轻人在那里一干就是20年，中间没有休假。一天，他对老板说："我想拿回我的钱，我要回家了。"老板说："好吧，我们有协议，我会照协议办的。不过我有个建议，要么我给你钱，你走人；要么我给你三条忠告，不给你钱，然后你走人。你回房间好好想想再给我答复。"

他想了两天，然后找到老板说："我想要你那三条忠告。"老板提醒说："如果给你忠告，我就不给你

钱了。”年轻人坚持说：“我想要忠告。”

于是老板给了他“三条忠告”：

第一，永远不要走捷径，便捷而陌生的道路可能要了你的命；

第二，永远不要对可能是坏事的事情好奇，否则也会要了你的命；

第三，永远不要在仇恨和痛苦的时候作决定，否则你会后悔一生的。

老板接着说：“这里有三个面包，两个给你路上吃，另一个等你回家后和妻子一起吃吧。”

在远离自己深爱的妻子和家庭20年后，男人踏上了回家的路。一天后，他遇到了一个人，那人问他：“你去哪里?”他回答：“我要去一个沿着这条路要走20多天的地方。”那人说：“这条路太远了，我认识一条捷径，几天就能到。”他高兴极了，正准备走捷径的时候，想起老板的第一条忠告，就回到了原来的路上。后来，他得知那个人让他走的所谓捷径完全是个圈套。

几天后，他走累了，发现路边有家旅馆，他打算住一夜，付过房钱后他躺下睡了。睡梦中他被一声惨叫惊醒，他跳了起来，正想开门看看发生了什么事，突然他想起了第二条忠告，于是回到床上继续睡觉。起床后喝完咖啡，店主问他是否听到了叫声，他说听到了。店主问：“您不好奇吗?”他回答说不好奇。店主说：“您是第一个活着从这里出去的客人。我的独子有疯病，他经常大声叫着引客人出来，然后将他杀

死埋掉。”

他接着赶路，终于在一天的黄昏时分，远远望见了自己的小屋。屋里的烟囱正冒着炊烟，还依稀可以看见窗子里妻子的身影。虽然天色昏暗，但他依然看清了还有一个男子伏在她的膝头，她抚摸着他的头发。看到这一幕，他的内心充满仇恨和痛苦，他想跑过去杀了他们。他深吸一口气，快步走了过去，这时他想起了第三条忠告，于是停下来，决定在原地露宿一晚，第二天再做决定。天亮后，已恢复冷静的他对自己说：“我不能杀死我的妻子，我要回到老板那里，求他收留我。在这之前，我想告诉我的妻子我始终忠于她。”他走到家门口敲了敲门，妻子打开门，认出了他，扑到他的怀里，紧紧地抱住了他。他想把妻子推开，但没有做到。他眼含泪水对妻子说：“我对你是忠诚的，可你背叛了我……”

妻子吃惊地说：“什么？我从未背叛过你，我等了你20年。”

他说：“那么昨天下午你爱抚的那个男人是谁？”

妻子说：“那是我们的儿子。你走的时候我刚刚怀孕，今年他已经20岁了。”

他走进家门，拥抱了自己的儿子。在妻子忙着做晚饭的时候，他给儿子讲述了自己的经历。然后一家人坐下来一起吃面包，他把老板送的面包掰开，发现里面有一沓钱——那是他20年辛辛苦苦劳动得来的工钱。

这个故事告诉我们，没有什么比忠告更有价值。真诚地聆听别人的忠告，用来指导自己的学习、生

活、工作，会避免犯一些无谓的错误，并找到自己正确的人生方向，活出自己的精彩。

然而，很多年轻人却对别人的忠告不屑一顾，并且有很充分的理由："我很聪明，我不是傻瓜。""这世事我都看透了，别对我指手画脚。"年轻人真的不需要忠告吗？有句古老的西方谚语是这样说的："年轻人总是生活在虚幻的雨季中，其实一切都会雨过天晴。"年轻人喜欢幻想，并在虚幻中建立了一套理想的秩序体系，但这套秩序体系与现实社会是有差距的。一个人不可能一辈子生活在虚幻的世界里，终归要踏入社会，跟社会亲密接触，这时自己建立的理想的秩序体系就会被现实打碎，自己就会碰得焦头烂额。与其这样，何不一早就认真聆听别人的忠告呢？况且，一个人即使很聪明，也有认识的误区和思考的盲点，又怎能离得开别人的忠告呢？

这本书其实就是一部忠告集锦，既有成功人士的人生感悟，也有平常人的生活智慧。认真"聆听"这些忠告，你在学习和生活中就不会感到茫然，你能从中找到正确的方法，以优异的成绩完成学业，为踏入社会做好充分的准备，你也一定会建设好自己美好的未来！

最后，真诚感谢第一版的编辑机械工业出版社的魏小奋老师，没有她，就没有这本书的诞生。衷心祝愿她家庭幸福，事业有成！

臧全金

2010 年 6 月